学級を最高のチームにする極意

いじめに強い クラスづくり

予防と治療マニュアル

小学校編

赤坂 真二 編著

明治図書

まえがき

　1980年あたりから校内暴力の嵐が全国の中学校を中心に吹き荒れました。卒業式の日には，警察車両が体育館の裏に控えていたような学校もありました。しかし，徹底的な管理教育を強めた結果，暴力，破壊行為などの荒れは収まりました。それと入れ替わるようにして起こってきたのが，いじめの問題です。

　第一波は，1986年東京都の中学校で起こった「葬式ごっこ」による被害生徒の自殺がきっかけでした。世間に与えた衝撃は大きく，報道は過熱しました。それにより連鎖的な自殺が起こったと言われます。報道が沈静化するとともに，第一波は去りました。しかし，第二波は，そう時を置かずしてやってきました。1994年の愛知県で起きた中2男子の自殺です。いじめの犯罪行為化が進んだと指摘されました。そして，記憶に新しいところでは，2010年の群馬県の小6女子の事件，2011年の滋賀県の中2男子の事件です。第一波から30年近く経ちますが，いじめによる自殺はなくなっていません。この事件をきっかけにしていじめ防止対策推進法が制定されました。この法律によって，二度と悲劇が繰り返されないことを強く願います。

　いじめは，子どもたちの成長に破壊的な影響をもたらします。勿論，子どもたちの生命，身体の安全を危機に晒すことは大問題ですが，そこまでいかなくてもいじめに心を痛めている子どもたちは多いだろうと予想されます。子どもたちの成長は，挑戦の繰り返しによってもたらされます。挑戦のエネルギーは安心感です。私たちは安心が確保された時に挑戦しようとします。いじめは学校生活から安心感を損ね，子どもたちの挑戦へのエネルギーを根こそぎ奪い去ります。挑戦をやめた子どもたちは，成長をする機会を失います。

　さらに，いじめは，被害者にクラスメートに対する不信感を植え付けます。そして，そこから救い出してくれなかった大人への不信感も植え付けます。学校生活で植え付けられた不信感は，その子のそれからの社会生活にも暗い影を落とします。つまり，いじめは被害者の人に対する基本的信頼感も奪っ

てしまうわけです。また，いじめによる破壊的影響は被害者だけにとどまらないことは容易に予想できることでしょう。被害者，加害者，クラスメート，そしてその家族，誰も幸せになることはありません。

　もし本気で子どもたちの幸せを考えるならば，優先順位を高めて，いじめへの対応をしなくてはならないのです。今時，いじめを看過している学校などないと信じています。しかし，一方でいじめをなくすことばかりに躍起になり，力ずくの指導や管理を強めることが解決にならないことは，校内暴力への対応で明らかです。

　管理や統制に成功した教室ではいじめは起こらないかもしれませんが，それではいじめを止めたことになりません。それ以外の場所で，いじめをしてしまうかもしれません。いじめを本当の意味でなくすには，子どもたちにいじめを解決する力を育てなくてはなりません。いじめを解決する力をもつクラスが，本書で言うところの「いじめに強いクラス」です。

　実践を寄せている8人は，いじめ指導に高い意識をもち，いじめに強いクラスを育てている精鋭たちです。中学校編が欲しいという多くの読者のみなさんからの要望に応えて，小学校編と中学校編を用意しました。各執筆者が，「いじめ予防」「いじめ治療」「いじめ指導の極意」の三つの視点で述べています。いじめの指導には，いじめを起こさないための予防的指導と，いじめが起こった時の治療的指導が必要です。その指導法については，読者のみなさんが読んだ時に再現がしやすいように可能な限り具体的に示してもらいました。また，最後にそのエッセンスを「極意」としてまとめてもらいました。二つの指導を支える基本的な考え方になっています。

　クラスを育てるプロフェッショナルたちの指導は，説得力のあるものばかりです。みなさんのいじめ指導の力強いヒントとなることでしょう。いじめに強いクラスを育てるために役立てていただければと思います。そして，いじめに対してその抑止のために行動できる子どもたちが一人でも多く育てば，これに勝る幸せはありません。

赤坂　真二

目次

まえがき

第1章 いじめに強いクラスをつくる いじめに強い教師になる

いじめ指導理論編

1 教え子からのメール　10
2 いじめ防止対策推進法と基本方針の策定作業から見る対策の穴　12
3 いじめの現状から見える対策の要　13
4 子ども集団を組織する　16

「いじめに強いクラスづくり　予防と治療マニュアル」の使い方

※第2章の実践編は，下記の項目を中心にまとめています。

❶いじめ予防編
▶いじめを起こさないために，普段から実践している日常指導をまとめています。いじめ早期発見のための手立て，教科指導，道徳，特別活動など授業との連携，いじめ予防のための「鉄板活動」「鉄板授業」「鉄板指導言」などを，追実践できる情報を豊富に入れてまとめました。

❷いじめ治療編
▶いじめの具体例を挙げて，具体的な指導事例をまとめました。子どもたちに投げかけた言葉，子どもたちの反応などを再現ドラマのようにありありとまとめました。

❸いじめ指導の極意
▶これまでの取り組みから導き出された指導の原理原則をまとめました。失敗事例なども踏まえて，陥りがちなミスなども入れてまとめています。

第2章 いじめに強いクラスづくり 予防と治療マニュアル　いじめ指導実践編　23

① 子どもが主役となるいじめ予防～子どもたちのかかわりを変える二つの支援策～　24

1 **いじめ予防編** 友だちの"ステキな行動"に目を向ける子どもを育む　24
  - (1) ポジティブなかかわりの大切さ　24
  - (2) 授業実践："ステキな行動"をみんなで認め合っていこう！　25

2 **いじめ治療編** もめごとを仲間づくりのチャンスに変える　30
  - (1) 実録，クラスで始まった「いじめ」　30
  - (2) 授業実践：友だちのもめごとを解決しよう！　32

3 **いじめ指導の極意** 予防・治療に共通する指導の原則　36
  - (1) 教師が子どもにとってのモデルとなる　36
  - (2) 子どもたちのニーズに合った取り組みをする　37
  - (3) 子どもが主役となる取り組みをする　37

② 「クラス」というチーム VS いじめ　39

1 **いじめ予防編** まずは「予防指導」を重視！いじめを未然に防ごう！　39
  - (1) 「クラスの目標」と「みんなの約束」を決め，効果的に活用しよう！　39
  - (2) 「友だちのいいところ探し」を通して，一人一人のよさを認め合おう！　41
  - (3) 「ホメホメタイム」を通して，友だちのよさを直接伝え合おう！　42
  - (4) 「学級だより」を出し，効果的に活用しよう！　43
  - (5) 子どもたち一人一人と個人面談を行おう！　45

2 **いじめ治療編** もしいじめが起こってしまったら，「治療指導」！
  クラスみんなでの解決を目指そう！　46
  - (1) 状況把握　48
  - (2) Dさんへの対応　48
  - (3) 事実確認　49
  - (4) 保護者対応（その1）　49
  - (5) クラスみんなでの話し合い　50
  - (6) 保護者対応（その2）　51

3 **いじめ指導の極意** 自分たちの力でいじめに対応できる子ども集団に　53

③ クラスへの誇り，愛着こそがいじめを寄せ付けない　54

1 **いじめ予防編** つながる，つなげる，つなげ続ける　54
  - (1) 教師と子どもがつながる　54

- (2) 子どもと子どもをつなげる　58
- (3) 全員をつなげ続ける　61

2 　いじめ治療編　つながりを切らない　63
- (1) 教師と子どものつながりを切らない　65
- (2) 子どもと子どものつながりを切らない　66
- (3) 全体の中でのつながりを切らない　66

3 　いじめ指導の極意　紡ぎ続けたからこそ愛着と誇りがもてる　67

4 　絶対に見たい子どもの「顔」がそこにはある！　69

1 　はじめに　69

2 　「顔」　69

3 　いじめ予防編　見えない顔を見に行く　71

4 　いじめ治療編　協同性を利用する　74

5 　いじめ指導の極意　日常的に目を向け，つながりを見る　80
- (1) 予防の極意：見えない顔を見に行く　80
- (2) 治療の極意：協同性の利用　81

6 　予防か治療か　82

5 　個を信じ，集団を疑う　84

1 　いじめ予防編　あの手この手で臨む　84
- (1) いじめ予防に特効薬なし　84
- (2) いじめについて教える　85
- (3) 子どもとつながる　86
- (4) いじめ予防，子どもの視点から　87
- (5) ネット上のいじめ予防　90
- (6) 劇薬　91

2 　いじめ治療編　信じる　92
- (1) 私がした「いじめ」　92
- (2) 無条件に信じる　94
- (3) 信じなかった経験から　94

3 　いじめ指導の極意　「先生は自分のことを信じている」　97

6 　予防にコストを　治療にはケアと集団の力を　99

1 　いじめ予防編　早期発見に努める　99
- (1) 子どもの変化に気付く　99
- (2) 授業で教え育てる　104

2 　いじめ治療編　初期対応こそすべて　107
　　　(1) 何も気付かなかった私　保護者が突然やってきた！　107
　　　(2) まずは事実確認　108
　　　(3) 事実と指導の経緯を報告　110
　　　(4) その後のケア　110
　　　(5) 集団の力を活用　111
　　3 　いじめ指導の極意　予防へのコストと治療でのケア　112

⑦　システムと覚悟，共感と希望を　114
　　1 　いじめ予防編　いじめに対して攻めの姿勢をとる　114
　　　(1) いじめを見逃さない　114
　　　(2) いじめが起こりづらい学級とは　118
　　　(3) いじめ指導に強い教師の特徴　119
　　　(4) 仲間づくりの前提を語る　120
　　　(5) 道徳の授業でゆさぶる　122
　　　(6) いじめる子の暗い部分に共感する～本当にケアが必要なのは誰か～　123
　　2 　いじめ治療編　まず，思いは内包し，淡々と進める　124
　　　(1) いじめ解決を流れで考える　124
　　　(2) いじめ指導の実際　124
　　3 　いじめ指導の極意　最終的には「覚悟」と「執念」が大切　127

⑧　いじめ問題の分析的予防と臨床的治療～小学校下学年編～　129
　　1 　いじめ予防編　いじめ問題の理解と予防　129
　　　(1) いじめ問題の捉え方　129
　　　(2) いじめ加害に影響する要因　130
　　　(3) ストレッサーを緩和させる社会的支援　131
　　　(4) いじめ予防の実際　132
　　2 　いじめ治療編　いじめ問題の発生と治療　137
　　　(1) 実態把握といじめ治療　137
　　　(2) いじめの治療①（実際編）　138
　　　(3) いじめの治療②（仮想編）　140
　　3 　いじめ指導の極意　分析的な予防と臨床的な治療を　142

あとがき

第1章

いじめに強い
　　クラスをつくる
いじめに強い
　　教師になる

いじめ指導理論編

1 教え子からのメール

　ある日，新採用2年目，3年目に担任した教え子から突然メールが来ました*1。

　　Ａ小学校６年１組卒業のＭです。
　　覚えておられるでしょうか？
　　問題をたくさん起こしてご迷惑をお掛けいたしました。

　　離任式以来ですので早18年くらいになりますでしょうか。
　　お久しぶりです。
　　私も三十路になり２児の母親となりました。

　　先生のことは，本当に大好きでこの年になっても
　　いつか会いたいと思っておりました。
　　ブログにコメントしたように同級生に聞きYouTubeで先生の動画を見たときはうれしくてうれしくて涙がボロボロ出ました。
　　ブログのコメントにお返事頂いたのを見たときは，過呼吸で倒れてしまうのでは，というくらい号泣してしまいました(^^ゞ

　　ニュースとかでいじめによる自殺等で校長先生等が「いじめはなかった」など発言している姿をみると先生なら気づかないわけはない。
　　先生なら（子どもたちは）自殺を選ぶことはない。
　　とせつない気持ちで見ておりました。

　　先生が教壇に立つことがないのは非常に残念でありますが，先生の講義を受け，同じような先生がたくさん増えることは子を持つ親としてありがたい

気持ちでいっぱいです。

　これが届いた時に，うれしかったことは間違いないです。しかし，「意外」だと思ったことも正直な気持ちでした。これを読むと，さも私がよい学級をつくってきたと思われるかもしれませんね。
　とんでもありません。しんどい時間の連続で，自分の教師としての適性を疑う日々でした。ひどい学級経営でした。可能ならばMさんたちには謝りたいのが本音です。だから，こんなメールをいただいた時は，喜びの後にすぐに意外だという感情を伴った驚きが湧きました。
　子どもたちは優しく，私を大事にしてくれました。保護者もそうです。新採用の私を育てようとしてくれていました。しかし，学級では，いじめのようなことが起こることもありました。子ども同士の仲違いもありました。私の未熟さ故，保護者のみなさんにご心配をかけ，子どもたちにつらい思いをさせました。
　それでも，学級で起こる問題に汗をかきかき右往左往していたからでしょうか，Mさんは，必死にあがいていた未熟な担任の姿を覚えていてくれたのかもしれません。
　Mさんたちとの日々は，私にある決意をさせます。

いじめに強い教師になろう。

　いじめのない教室はない。だから，いじめが起こってもびくともしない，そんな教師になりたいと思ったのです。しかし，私はいじめをなくすことを目指しながら，いじめのない教室を志向はしませんでした。それは，教室を現実離れした楽園にしてはならないとも思っていたからです。いじめのようなことは，世の中に出ればいくらでも経験することでしょう。子どもたちを

あたたかな澄んだ水でしか泳げない熱帯魚のようにしてはならない

と考えています。多少の泥水でも，その中をたくましく泳ぐドジョウのよう

な力強さを育てる必要があると感じていました。

　私の目指したいじめに強い教師とは，いじめに強い集団を育てる教師なのです。皮肉なことにいじめに強い集団は，いじめのない教室では育たないのです。教室内の差別構造をえぐり取り，その事実に子どもたちと向き合うことで，いじめに強い集団が育つのです。

　冒頭のようなメールをいただいたのは，教室内の差別構造を，個人的な問題にせず，子どもたちに公開してきたからかもしれません。そして，拙いながらも，解決のために何をすべきかを考えさせてきた私の姿勢が，印象に残っていたのかもしれません。

　では，いじめに強い集団とはどのように考え，何をすれば育つのでしょうか。

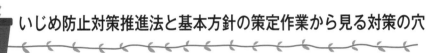

2 いじめ防止対策推進法と基本方針の策定作業から見る対策の穴

　平成25年6月21日に「いじめ防止対策推進法」が成立しました。ご存じのようにこれは，いじめへの対応と防止について学校や行政等の責務を定めたものです。この法律の成立，そして3か月後の施行を受けて，法律の具体化のために，各都道府県，市町村において「いじめ防止基本方針」の策定が行われました。これは，地方公共団体及び学校において，国の基本方針を踏まえて，地域の実情に応じた基本的な方針の策定や，法の規定を踏まえた組織の設置，重大事態への対処等，必要な措置など，「いじめ防止対策推進法」の具体化をする作業です。

　私はたまたまお世話になっている方のご紹介で，ある自治体の上記作業の座長を拝命いたしました。作成された原案は，学校だけでなく保護者などの役割も明記したとてもよく練られたものだと感じました。しかし，読み進めていくうちにある違和感を感じたのも事実でした。「何かが足りない」と思ったのです。

　それは，どの方針，施策も「大人が子どもに，そして制度が子どもに与え

る構造」になっていました。よく考えられているけど，構造的な不十分さを抱えていると思いました。いじめはどこで誰がするのでしょうか。もちろん，子どもです。そして，いじめの多くは学校，それも子どもたちが日常的に過ごす教室を舞台にして，教師の気付かないところで行われています。それなのに，そこに示された文書は，「大人がなんとかすればいじめがなくなる」というメッセージを発していました。

　私は，次のように申し上げました。

　「とてもよく考えられていますが，大事なことが欠けていると思います。それは，子ども集団の力を活用することです」

　そもそもこの法律は，平成23年10月11日の滋賀県大津市内の市立中学校の当時2年生の男子生徒が，いじめを苦に自宅で自殺するに至った事件が基になってつくられた法律です。そこで大きな問題となったのは，学校やそれを管轄する教育委員会が隠蔽しようとしたのではという疑念がもたれたことです。こうした経緯から生まれた法律ですから，チェック体制を強化し，制度的にいじめを隠せないようにしていこうとする性格を強くもっていることは仕方のないことです。しかし，いじめを本気でなくそうとするのであれば，制度をいじるだけでなく，いじめの構造に切り込むことが必要です。

　いじめは，子どもたちが大人の見えないところで行います。いじめをなくすには，大人の力が必要です。しかし，大人の力だけではなくせません。このことを強く自覚して，対応すべきなのです。

いじめの現状から見える対策の要

　ところで法律の制定によって，いじめは減ったのでしょうか。

　文部科学省の，平成25年度「児童生徒の問題行動等生徒指導上の諸問題に関する調査」（平成26年10月16日）によれば，小学校，中学校，高等学校，特別支援学校で認知されたいじめの発生件数は，調査方法の変わった平成18年度から各学校共に緩やかな減少傾向にありましたが，平成23年度から平成

24年度に，計７万231件から19万8109件と，増加しました[*2]。また，いじめの認知率（1000人あたりの認知件数）も，同年度に５件から14.3件に増加しています[*3]。

　これは，先ほど指摘した大津市の事件によって，学校が積極的にいじめを認知するようになったからだと言われています。いじめの発生件数は，調査する側の意識に左右されます。これは今に始まったことではなく，いじめによる自殺などのショッキングな出来事があると，それに応じて対策が強化されたり，また，積極的な認知がなされるなど発生件数がそれによって影響を受けてきました。

　しかし，そこからうかがい知ることができるのは，いじめ対策の「軽さ」です。

> **子どもの命が失われているにもかかわらず，いじめ対策が一過性のものになっている**

ように感じます。ショッキングな出来事があると，様々なアクションが起こる割には，それが継続されず根本的な解決につながっていないように見えるのは私だけでしょうか。

　いじめによる自殺は，あってはならないことです。しかし，「いじめ＝悲劇＝許せない」というような構図だけで対策を講じると本質を見逃してしまうように思います。私も現場教師でしたから，教室でいじめのような事態を認知すると，体中に何とも言えない感情，ハッキリ言うと怒りを感じました。しかし，感情は激しければ激しいほど，解決を急がせます。急いで結果を求めることは，たいてい，問題の本質を歪めてしまい，「臭いものにふたをする」ような対応になってしまいがちです。

　いじめの問題を考える時に，重視したいのは不登校の児童生徒数です。いじめの認知件数は，調査方法によって左右されます。これも調査ですから，その方法によって変わる可能性がありますが，基準がいじめよりも明確ですから，数値としては信頼性が高いと思います。

平成25年度の不登校の児童生徒数は、前掲の文科省の調査によれば、小学校0.4％（276人に1人）、中学校2.7％（37人に1人）、計1.2％（86人に1人）です[*4]。小学校だったら、中規模校に1人から2人、中学校は1クラスに1人くらいの割合になるでしょうか。そして、その数は、平成10年度から、ほぼ横ばいです。子どもたちの数が減少していることを考えるとこれは実質の増加と言えないでしょうか。

　その不登校のきっかけですが、これも同調査によると、平成25年度は、いじめとされるものは、1.6％で、数としては少ないと言えます[*5]。いじめは割合として少ないですが、いじめを除く人間関係をめぐる問題は、15％で、見逃せない割合です。いじめられた子と話していると、学年が上になるほど、自分の抱えている人間関係の問題をいじめとは認めたくない子も増えてきます。

　割合として目立つのは、無気力（25.6％）、不安などの情緒的混乱（28.1％）です。子どもたちの中には、自分の抱えている課題を言語化することが難しい子もいます。また、私たちの不安や悩みのほとんどが、人間関係とかかわっているという構造を考えると、彼らの無気力や不安に、

> それがいじめとは言い切れないとしても、人間関係がかかわっている

ことは想像に難くありません。

　自殺といったショッキングなことばかりに目を向けるのではなく、自殺まではいかなくとも、また、いじめとまでいかなくとも、それ以前の問題で葛藤を抱えている子どもたちが相当数いることをうかがい知ることができます。しかし、このことは対策を考える上で重要な示唆を与えてくれます。

　いじめの対策を考える上で、さらに注目したいデータがあります。

　「いじめの四層構造論」を唱えた森田洋司氏が調べたところによれば、「いじめを止めてほしい人」を尋ねると、3割近くの子どもたちが学級担任を挙げる一方で、半数以上の子どもたちは、友だちと答えています[*6]。森田氏のいじめの四層構造とは、いじめには、「いじめっ子」「いじめられっ子」

「観衆」(周りではやし立てる者)「傍観者」(見て見ぬふりする者)が存在するという見方です。子どもたちは、いじめを見かけたら友だちには、「傍観者」にならず「通報者」「仲裁者」になってほしいということではないでしょうか。

しかし、国立教育政策研究所・文部科学省編『平成17年度教育改革国際シンポジウム「子どもを問題行動に向かわせないために～いじめに関する追跡調査と国際比較を踏まえて～」報告書』には、そんな子どもたちの願いに反する、現状が示されました[*7]。

小学校5年生から中学校3年生まで、「傍観者」と「仲裁者」の出現率の学年別推移を見ると、イギリス、オランダとの比較を行った場合、日本以外の二つの国は、中学生から「傍観者」の数が減少しているのに対し、日本はむしろ増加しているのです。その一方で、「仲裁者」の数は減少するのです。

ここにいじめ指導の要が存在します。

4 子ども集団を組織する

これまでの考察から、いじめの指導における究極のポイントが見えてきます。繰り返し申し上げます。いじめの解決は大人だけでは無理です。しかし、それは大人が無力であり、大人の介入は意味がないということではありません。ただ、いじめは大人の見えないところで行われます。だから、直接的に介入することは難しく、介入できたとしてもそれは表層を触る程度になってしまいがちであることをよく理解して、対策を講じるべきです。

ルールや制度をつくる一方で、忘れてはならないことは、

> 子ども集団の組織化

です。子ども集団をいじめという課題に向かって、解決をしようとするチームに育てることです。

いじめのあるクラスというのは、「赤信号みんなで渡れば怖くない」とい

った構造になっています。その中でたった一人で「赤で渡っちゃダメだよ」と言うのはとても勇気が要ります。一人一人の子に負担をかけることになります。しかし、「みんなでダメだよ」と言えるようなれば、一人一人の負担が減り、いじめは抑止しやすくなります。

　その前段として、学級開きに「いじめ差別は許さない」と宣言することや顕在化したいじめに対して、烈火の如く怒る、叱るということがあってもいいと思います。しかし、それは子ども集団を組織するための方向付けであり、ベクトルを揃えるための機能だということです。宣言したり、叱ったりすることは、子どもたちに「いじめを許さない集団をつくっていきますよ。協力を頼むね」という依頼であり、フレームづくりです。

　いじめを許さない集団づくりへの協力依頼をして、そうした集団のフレームをつくったら、次にすることは子どもたちの組織化です。いじめはどこで起こっているかと言えば、教室です。誰がいじめているかというとクラスメートです。そして、同時に助けてほしいと願っているのもクラスメートなのです。

　いじめの当事者を変えることはなかなか難しいことです。というのは、加害－被害関係が大人から見えないことが多いからです。逆にそれが見えるようないじめは、まだ、軽度なものだと言えます。深刻で長期化しているいじめは、大人からは見えないものだとの認識も必要でしょう。したがって「いじめの四層構造論」で言えば、「いじめっ子」「いじめられっ子」という当事者にアプローチするよりも、「観衆」や「傍観者」にアプローチする方が効果的なのです。「いじめっ子」と「いじめられっ子」は、何らかの利害関係があったり、いじめ、いじめられるという共依存関係にあったりして、自分たちだけの力でそこから抜け出すことが難しくなっていることがあります。

　しかし、そうした関係性になっていない「観衆」や「傍観者」の方が、教育効果が高いことが期待されます。彼らを「仲裁者」にするようなプログラムを実施、適用していくのです。

> いじめの指導におけるターゲットの中心は，「観衆」であり「傍観者」

なのです。ここでいうプログラムとは，単発ではなく継続的な働きかけによる手続きです。

　どんなプログラムを実施するかは，実践編を参考にしながらみなさんお一人お一人に考えていただきたいと思いますが，ある程度方向性をここで示しておきます。人間の行動変容には次の三つのアプローチが指摘されています。

```
1  認知を変える
2  感情を変える
3  行動を変える
```

　1は，いじめはいけないことである，いじめをなくすことが必要である，と知ることです。2は，いじめはつらいものであり，いじめをなくすために行動することは気持ちのいいものであるという感情を味わうことです。3は，いじめないという行動をしたり，いじめを見逃さない，抑止するという行動を実際にやってみることです。1～3のどこからアプローチしてもよいと思いますが，学級の実態とみなさんのリーダーシップに応じた方向から迫るとよいと思います。

　いじめ防止のプログラムを実施していく時のポイントがあります。1～3のアプローチが次の方向に向かって実施されることです。それは，

> 共感性を育てること

です。

　簡単に言うと，「人の気持ちがわかる子」を育てるということです。いじめには，暴力暴言などによる積極的に侵害行為をするという場合もあれば，無視や冷たい態度などによる消極的な侵害行為もあります。また，今まさに行われている侵害行為によっていじめられたと感じている場合もあれば，自尊感情の低さから他者から見れば気にしなくていいようなことを過大に解釈

し，傷ついてしまう子もいます。

　不登校のきっかけとして，いじめを認知している子は少数ですが，無気力や不安によるものは大きな割合を占めていました。心に付いた小さな傷は，積もり積もって大きな足かせとなり，子どもたちを外の世界に向かえなくしてしまっている可能性が指摘できます。その小さな傷の発生源は，ほとんどの場合が人の評価です。

　「人の気持ちがわかる子」というと，当たり前すぎるかもしれません。しかし，本当に重要なことはシンプルなものではないでしょうか。個性尊重や豊かな表現力やリーダーシップという言葉は，とても耳当たりがよいです。しかし，こうした発信力を強調した教育は，慎重に進めないと子どもたちを傷付け，子どもたちの関係性を歪める可能性があることを指摘しておきたいと思います。

共感性なき発信力は暴力になり得る

　それは，インターネットの書き込みを見れば一目瞭然です。怒り，悪意，無礼，誹謗中傷に満ち溢れています。そこには相手への配慮を見いだすことはほとんどできません。外に働きかける以前に，個を大事にする前に，他を思いやるための認知，感情，行動を学ぶ必要があるのです。大人は，スローガンレベルではなく，具体的プログラムとして，共感性の育成に取り組むべきなのです。

　近年は，子ども集団の組織化による，集団の質的改善のプログラムが開発されてきました。つまり，子ども集団の教育力を高めることで問題状況を打破しようとするものです。いじめについて言えば，ピア・サポート，ピア・メディエーション[*8]，アドラー心理学に基づくクラス会議[*9]など，選択肢が増えてきたことは喜ばしいことだと言えるでしょう。もちろん，そうしたパッケージとして名称が付いていませんが，いじめ指導に成功している教師，学校の指導プログラムには共通性があると見ています。

　では，いつからそれに取り組めばいいのでしょうか。前掲の報告書にある

ように「仲裁者」が減る中学校段階でしょうか。それでは遅すぎると考えています。思春期に入ると，子どもたちの関心は大人から友人関係に移ります。それに応じて，流動的な関係性から固定的な関係性を結ぶようになるので，いじめが長期化，陰湿化する可能性が高くなります。それが小学校4年生くらいから始まると言われます。

　したがって，小学校低学年の時から，いじめやトラブルなどの葛藤状況を自分たちで解決するような体験をしていくことが大切なのです。小学校段階で，こうした体験を十分に積んだ子どもたちは，中学校段階でも，問題を放置せず早期解決する集団を形成するでしょう。

本当のいじめは大人には見えない

ことを前提にして，子どもたち同士でいじめを抑止し，解決する力を育てることが必要なのです。

　本書で，各執筆者たちはいじめを起こさない指導，つまり「予防的指導」といじめが起こった時のそれをなくすための指導，つまり「治療的指導」の二つのアプローチでいじめ指導を述べています。二つの指導の在り方は，

予防なくして治療なし

です。このことは，すべての実践に見られる共通の原則です。

　互いの気持ちを大切にしてあたたかなコミュニケーションが行き交う教室をつくることが，いじめを予防する上で最も効果的であり，子どもたちのコミュニケーションの質を変えていくことが治療の負担を軽減します。どんなに予防をしていても起こるのがいじめです。しかし，予防策をとっていないといじめは重症化します。あまりにも重症の病気は，治そうという気力すら奪ってしまいます。症状が軽いならば，子どもたちもそこに立ち向かおうとするでしょう。

　いじめに強いクラスにするためには，いじめやトラブルに子どもたちを向き合わせることです。最も望ましくない事態は，

> このクラスにはいじめはない。教師の力でいじめのない平和なクラスになっていると思い込ませること

です。これでは，いじめに強いクラスにはなりません。つまり，いじめに対して無力な子にしてしまう可能性があります。大人にとって大事なことは，いじめなどの行為に自らの力で対応できる子を育てることではありませんか。私たちは，ずっとその子のそばにいることはできないのですから。

したがって，

> 私たちの周囲にはいじめはある。でも同時に，私たちにはそれを解決する力がある

と思わせることが大事なのだと考えています。いじめはなくすべきです。しかし，その過程でいじめをなかったことにするのでは，子どもたちは積極的な学びをしません。

いじめに強い教師がいじめに強いクラスをつくることができます。そして，いじめに強いクラスでいじめに強い子どもたちが育つのです。　　（赤坂　真二）

【参考文献】
* ＊1　このメールは，赤坂真二『赤坂真二―エピソードで語る教師力の極意』（明治図書，2013）に教え子との再会のエピソードとして掲載されたものです。
* ＊2　文部科学省，平成25年度「児童生徒の問題行動等生徒指導上の諸問題に関する調査」（平成26年10月16日）
* ＊3　前掲＊2
* ＊4　前掲＊2
* ＊5　前掲＊2
* ＊6　森田洋司・滝充・秦政春・星野周弘・若井彌一『日本のいじめ―予防・対応に生かすデータ集』金子書房，1999
* ＊7　国立教育政策研究所・文部科学省編『平成17年度教育改革国際シンポジウム「子どもを問題行動に向かわせないために～いじめに関する追跡調査と国際比較を踏まえて～」報告書』2006
* ＊8　池島徳大監修・著　竹内和雄著『DVD付きピア・サポートによるトラブル・けんか解決法！』ほんの森出版，2011
* ＊9　赤坂真二『アドラー心理学に基づくクラス会議プログラムの開発に関する研究』「臨床教科教育学会誌」第14巻第2号，臨床教科教育学会，2014

第2章

いじめに強いクラスづくり 予防と治療マニュアル

いじめ指導実践編

1 子どもが主役となるいじめ予防
～子どもたちのかかわりを変える二つの支援策～

　いじめ研究者の森田洋司氏らは，日本のいじめの特徴として，学級集団内でのいじめの多さを指摘しています[*1]。よって学級担任の支援の仕方や子どもの見方が，いじめ問題の要因に大きな影響を及ぼします。

　ここでは予防編，治療編と論じていきますが，予防をしっかりしていれば，治療をする機会は少なくなります。ただ，今回治療編で紹介するピア・メディエーションは予防策としても非常に有効な手立てです。

　私が目指すのは「教師が"いじめを生まないクラス"をつくる」のではなく，「子どもが主役となって"いじめを生まないクラス"をつくる」ことです。ここではそれを実現する二つの支援策を紹介します。

いじめ予防編
1 友だちの"ステキな行動"に目を向ける子どもを育む

(1)　ポジティブなかかわりの大切さ

　学校現場では，しばしばこのような指導場面が見られます。

> 「ノートを出していない子に対して…」早くノートを出しなさい！
> 「集会で前を向いてない子に対して…」ちゃんと話を聞きなさい！

　私はこれまでこのような指導をしていました。できていない子に目がいき，その子を指導する。きわめて一般的だと思っていました。

> 早くノート出せよ！　授業始まってるぞ!!

　教師の姿を見た子は，教師の真似をして友だちを注意します。
　教師にとっては助かる子ですが，それがいじめの始まりとなる「子どもの

間の力の差」を生む原因だと，私は最近気付くことができました。
　しかし，実際の学校現場では，このような注意や，子どものかかわりはあると思いますし，なくすことはなかなか難しいでしょう。そこで，

> ・徹底的に，子どもの"ステキな行動"に目を向けていく。
> ・具体的に子どもを認め，"ステキな行動"をクラスで増やす。

　これらを子どもたちと取り組み，クラスのかかわりを変えていきましょう。

(2)　授業実践："ステキな行動"をみんなで認め合っていこう！
　「子どもが主役となっていじめを生まないクラスをつくる」ために大切なことは，クラス全員が友だちの"ステキな行動"に目を向けることです。ポジティブなかかわりで子どもたちがつながることで，よりよい関係を築くことができます。しかし，ここで重要なのは，

> 子どもたちにとって何が"ステキな行動"なのか

ということです。教師が求めるクラスで大切にしたい行動と，子どもにとっての大切な行動は違います。子どもたちの生活における"ステキな行動"を出し合い，共有し，それをもとに認め合い活動を始めます。
　計画：以下の3時間で行います。

	めあて	内容
1時間目	クラスの中でできている"ステキな行動"は何かな？	子どもたちにとっての"ステキな行動"を出し合い，みんなでできる行動をまとめる
2時間目	"ステキな行動チャート"を作ろう！	"ステキな行動"を整理した表を作り，みんなで共有する
3時間目	友だちを"HAND IN HAND"で認めよう！	表に基づいて，"ステキな行動"をみんなで認め合う

| 1時間目 |：クラスの中でできている"ステキな行動"は何かな？

　① 「クラスの友だちの中で，気持ちがいいなあ，いい行動だなあと思った経験はないですか？　また，その行動は何ですか？」

　まず，どんな行動が大切か，一人一人が出し合います。小さな紙を配り，書かせるといいでしょう。「教室を走らない」「暴力をふるわない」など，子どもたちからは否定的な言葉が出てきます。その場合は，

> "○○しない"，や"○○はだめ"といった言葉ではなく，例えば"走らない"，は"歩く"というように"○○をする"という言葉で考えよう。

と伝えてください。目的は悪い行動を減らすのではなく，"ステキな行動"をクラスで増やすのです。子どもたちにとってはなかなか難しいですが，これは友だちを否定的に見ないために，とても大切なことです。

　② 「グループでまとめてみましょう」

　4人ほどのグループをつくり，自分たちが出した"ステキな行動"をもとに話し合います。そこでは「自分もそれが大切だと思っていた」や「友だちはそんなことを考えているんだ」など，他者理解を促進できます。

　まとめが終わったら，全体発表をし，行動を板書してみましょう。

　③ 「みんなが出し合った行動で，クラス全員が頑張れる行動はどれかな？」

　みんなが頑張れるかどうか（できるかどうか）と言ってしまうと，クラスの中にはきっと難しい子がいることでしょう。子どもたちの話し合いの中で，「教室を歩くっていうの，ぜったいA君守れない！」と，特定の人を責める発言が出たら，一度ストップです。

> できていない行動や，できていない人に目を向けたくなるけど，みんなが，これならできるであろうという行動だけを挙げてほしい。

と伝えてください。ここで名前が挙がってくるA君には今後要注意です。このように，子どもたちのネガティブな意見も受け止めつつ，指導していくこ

とが大切です。この時間は板書された"ステキな行動"に，みんなができるものに丸をつけて，板書の写真を撮って終わりましょう。

2時間目：　"ステキな行動チャート"を作ろう！

「みんなで考えたステキな行動を，一つの表にまとめたいと思います」

　前時でみんなで考えた"ステキな行動"を一つの表（チャート）に整理します。表は学級生活場面別（授業中，休み時間，給食時間，掃除時間，放課後）と，"ステキな行動"をまとめた観点で整理します。その観点として望ましいものは，例えば学習，生活，友だち，安全，時間などでしょう。これは子どもたちと共に考えてください。まとめる際はパソコンと電子黒板等のモニターで整理していくとよいでしょう。以下の表は実際に子どもたちと作成した"ステキな行動チャート"です。

	学習	生活	友だち
授業中	ちゃんと話を聞いている ノートを丁寧に書いている 考えたことを発表している 意見を考えている 手を挙げて発表している	机の上を整理している 静かに話が聞けている 話を注意して聞いている 相手の目を見て聞いている 時間を守っている	困っている友だちに静かに教えてあげている 友だちにわからないことを静かに聞くことができている 友だちのよいところを見つけることができている
休み時間	次の時間の用意をする 復習・予習している	机や周りを整理している 教室・廊下を歩いている 下級生と遊んでいる 時間を守っている	友だちと元気よく遊んでいる 一人でいる子に声をかけている 友だちのよいところを見つけることができている けんかをしている人の仲裁をしてあげている
給食時間	待っている間，教科書などを読んで復習・予習をしている	残すことなく食べている 静かに座って待っている お皿を丁寧に直している ちゃんと手を合わせて合掌している 静かな声で話している 行儀よく食べている 当番の用意をスムーズにしている 時間を守っている	友だちのナフキンをしいてあげている 配るのを手伝っている 日直が前に立ったら，すぐに静かにしようとしている おかわりの時，みんなのことを考えている 当番の人が休みの時に手伝おうとしている 友だちのよいところを見つけようとしている
掃除時間	友だちのよい掃除の仕方を見習って習得している	工夫している ちゃんと掃除を終わらせている 早く終わったら，教室に戻っている 時間を守っている	協力しあう 優しく友だちに注意できる 友だちのよいところを見つけようとしている
放課後	宿題をしている 次の日の予習，今日の復習をしている	先生に挨拶をして帰っている 最終下校時間を守っている 地域に迷惑をかけず帰っている 地域の方々に挨拶している ごみを拾っている	誰かと一緒に遊んでいる

表1　子どもたちと作成した"ステキな行動チャート"

このチャートに基づき，認め合い活動を始めます。
授業の終わりには，以下のチャートの留意事項を説明しましょう。

①このチャートで示された行動には，みんなの願いが含まれている。
②このチャートは，どのような行動が大切かを確認するものである。
③このチャートで示された行動をできていないからと，注意しない。

3時間目：友だちを"HAND IN HAND"で認めよう！

チャートに整理された"ステキな行動"をHAND IN HANDという手作りツールを使って認め合います。具体的な作り方は以下の通りです。

①大きな模造紙を用意する（標語などをプリントしてもいいでしょう）。
②封筒の下の部分を切り，人数分用意する。
③子どもに封筒の下部分を配り，名前やイラストを描いてもらい，模造紙に貼っていく。

下の写真が実際のHAND IN HANDポストです（アルファベットの部分には子どもの名前が記されています）。

図1　学級に貼られたHAND IN HANDポスト

以下がHAND IN HANDの留意点です。

①休憩時間，放課後等の時間に，教室に置いているカード（Positive CARD）

を使って，友だちの"ステキな行動"を記入する。
②学級に設置されている友だちの"HAND IN HAND ポスト"に，そのカードを投函する。
③ポストに投函されたカードは，教師が回収する。

　この HAND IN HAND の利点は，全員がカードをもらえているか，一目でわかるということです。逆を言うと誰が入っていないか，すぐにわかるということでもあります。そのために教師はこまめにカードを回収します（全員が１枚ずつ入っている状態にする）。子どもたちはこれにすごく敏感です。自分がもらえているか，枚数はどうか，と気にします。そこで，

・もらう枚数ではなく，入れる枚数を評価すること。
・枚数の数でなく，書いている内容を重視すること。

と伝えましょう。ですが，やはり子どもたちは気にします。

・学級会等の際に，みんなでポストをすべて埋まるよう書き合う。
・グループで，みんなでカードを書き合い，渡し合う。
・先生がほめたことを，改めてカードで認めポストに投函する。

　このような配慮をして，みんながカードをもらえるようにしましょう。準備の手間がかかりますが，これによりただの"いいとこ見つけ"ではなく，カードという蓄積できる具体物で認め合える機会となります。

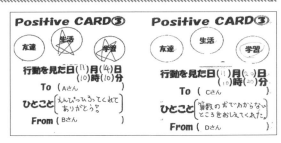

図２　実際の子どもたちが記入したポジティブカード（アルファベット部分には子どもの名前が記入されています）

　以下は実際に取り組んだ子どもたちの感想です。

> ・友だちがこんなところを見てくれていたんだ,とビックリした。
> ・あまり話さない友だちからカードをもらえてうれしかった。
> ・みんなで作ったチャートがあるから,友だち同士で責め合うことが少なくなった。
> ・先生にもらったカードは,とてもうれしかった。

　行動を認め合いつつ子どもたちがかかわることで,ポジティブなかかわりが見られるようになります。"ステキな行動"に目を向けることを習慣化することで,友だち同士で責めたり注意をしたりする姿は次第に少なくなっていきます。

　この取り組みは現在アメリカの学校現場で多く取り入れられているポジティブな生活指導(PBIS:Positive Behavioral Interventions and Supports)を参考にしています[*2]。私はこの取り組みを行うアメリカの子どもたちを,幸いにも学校を訪問し実際に見る機会がありました。

　アメリカでは友だち同士でのカードの渡し合いではなく,先生からもらうという形でしたが,カードをうれしそうに連絡袋に入れる子や,いい行動を自らしようとする子を見て,ぜひ日本でもやってみたい!と思いました。

　どのような行動,友だちとのかかわりがステキかを具体的に示し,それを先生と友だちみんなで共有し認め合う。この取り組みによって「子どもが主役となっていじめを生まないクラス」が具現化されるでしょう。

2 もめごとを仲間づくりのチャンスに変える
いじめ治療編

(1) **実録,クラスで始まった「いじめ」**
　舞台は小学校5年生,児童数39名のクラスです。
・子どもたちの間に見えてきたバリア(障壁)
　夏休みがあけて一気に子どもたちが成長した10月に,私は自分のクラスに

対して異変を感じました。子どもたちが"バラバラ"に見えたのでした。それは，自分たちが形成するグループを超えての友だちとのかかわりの少なさでした。

> 子どもたちの集団が"孤島"に見え，さらに子どもたち一人一人が誰かに対してバリアをしているように感じました。

・ついに始まってしまったいじめ

このような学級の実態の中では，友だちとのかかわりから生まれるトラブルやもめごとの発生は時間の問題で，いじめもいつ起きてもおかしくない状況であると捉えていました。そのような現状において，

> 友だちとのかかわりから生まれるトラブルやもめごとが頻繁に見られ，保護者も巻き込んだ対立問題が生じ始め，私は生活指導に追われる機会が多くなっていきました。

その中で，問題行動の多い子（Ａ男）と，友だちとのかかわりが希薄になり，Ａ男のもめごとの増加が見られました。学級の子どもたちは，Ａ男ともめることを避けるようになり，Ａ男とのかかわりをさらに避けるようになりました。結果としてＡ男は弱い子に対する暴力やからかいなどをするようになりました。クラスの子どもはそのＡ男へ声をかけづらくなっていきました。それに加えてＡ男の問題行動をはやし立て，同調したり助長したりする行為や言動をする子ども（観衆）や，問題行動を見ても，かかわらないでおこうという子（傍観者）も，増えていくように感じました。その関係は，「いじめの構図」そのものでした。その状況の中で，私はＡ男の問題行動の多い子としての個別対応と同時に，学級全体としていじめに歯止めをする取り組みを導入したいと考えました。

そこでクラスで「ピア・メディエーション[*3]」に取り組むこととしました。ピア・メディエーションとは，子どものもめごとに友だちが入って話を聞き，解決を図るという新しい取り組みです。

もめごとにかかわることをネガティブに捉えているクラスにおいて，

> もめごとをポジティブに捉え，仲間づくりの機会に変える

ことのできるピア・メディエーションは，打ってつけの取り組みでした。

(2) 授業実践：友だちのもめごとを解決しよう！

計画：以下の3時間で行います。

	めあて	内容
1時間目	クラスで見たり・聞いたりしたもめごとを出し合おう！	子どもたちにとっての"もめごと"を共有するために，行動を整理し，一つにまとめる
2時間目	もめごと解決の方法を学ぼう！	もめごとを解決するための手段をアルスの法則を使って学ぶ
3時間目	みんなのもめごとを解決してみよう！	1時間目でまとめた"もめごとカタログ"をもとに，友だちのもめごとを題材にロールプレイする

1時間目：クラスで見たり・聞いたりしたもめごとを出し合おう！

「自分たちの生活で見たり，聞いたりしたことのあるもめごとはありますか？」

　子どもたちの生活場面でのもめごとを一人一人"もめごと発見シート"に書いてもらいます。もめている人，日時，場所，具体的な様子を書きます。そのあとは，グループでもめごとを出し合い交流しましょう。授業終了後，すべてのシートを整理し"もめごとカタログ"を作成します。

> この時間の一番の目的は，ある子はもめたと思っていても，別の子はもめていないと思ってしまう認識のズレを，修正することです。

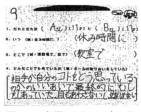

図3 実際のもめごと発見シート

図4 実際のもめごとカタログ（一部）

2時間目：もめごと解決の方法を学ぼう！

この時間より，子どもたちとともに「子ども同士でのもめごと解決"ピア・メディエーション"」に取り組みます。ここでは，もめごとを解決する人を「メディエーター」と言います。

ピア・メディエーションで大切なことは，

ルール（アルスの法則）を守った話し合いがとても重要であるということ。

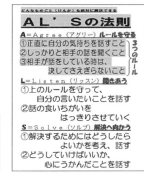

図5 アルス（AL'S）の法則

このルールを教師も含めたクラス全員が習得し，共有できれば，みんなでもめごと解決に取り組むことができます。しかし，この取り組みは

大人でも難しい"高度なコミュニケーション・スキル"です。

そこで私は，同期の教員仲間と指導用ビデオを作成しました。それは書籍化されていますので，参考文献を示しておきます[4]。授業はこのビデオを視聴しながら行いました。以下が，メディエーションの手順です。

① 「グループでビデオを見よう！」

3人グループをつくり，授業を始めます。ビデオと同時に，ビデオの会話記録を配ります（書籍に入っています）。

手順	セッション	もめている人	メディエーター	留意事項
1	もめごとの確認	けんか・もめごとをしている	もめていることを確認する	暴力や，話し合いでの解決が難しい場合は，先生を呼ぶ
2	メディエーションへの同意	話し合いに同意する	話し合いに入っていいか，もめている人に聞く	同意が得られなかった場合は，先生を呼ぶ
3	ルールの確認	アルスの法則を確認する	アルスの法則を説明する	丁寧に一つ一つ確認する
4	順番の決定	決まった順番を守る	話をする順番を決める	どちらでもよい場合は右の人から
5	話し合い	・自分の主張をする ・相手の言い分を聞く（順番に話す）	うなずいたり，目を合わせて傾聴する	話を遮らない。遮った場合も「少し待ってもらえる？」と優しく伝える
6	繰り返し	メディエーターの話を聞く	それぞれの主張・言い分を整理し，もう一度言う	内容を変えないよう，確認しつつ伝える
7	提案	提案に対して意見する	解決策を提案する	公平な解決となるよう心がける
8	同意	同意する	同意したことを確認する	気持ちがスッキリしたかどうか，確かめる

表2　ピア・メディエーションの手順

② 「もめている2人の気持ちの変化を見よう！」

同じビデオをもう一度見ます。すると，話し合いを進めるうちに，怒りや，いらだちが鎮まっていくということに気付きます。ビデオを止めつつ，気持ちの変化を子どもたちと確認したりするといいでしょう。

図6　指導用ビデオ

③ 「ピア・メディエーションをやってみよう！」

簡単なもめごと事例を出して，実際にグループでやってみましょう。例えば「通りすがりに筆箱を落としてしまった」というもめごと。「ごめん」の一言がなかったために，大変なことに…。

> A：おい，落としたぞ，謝れよ！
> B：はぁ？　そんな端っこに置いてるからやろ，謝れへん！

さて，ここまでをワークシートで提示して，ロールプレイをします。子どもたちは白熱し，リアルな言葉が出てきます。

> B：すいませんでしたー。
> A：なんやねん！　その謝り方，ちゃんと謝れよ！

言葉はきついですが，子どもたちは笑顔です。この時間で，もめごとの時

の気持ちを考えることができます。以下は子どもたちの感想です。

・すぐに謝れば終わるけど，少しの言い方とかで腹が立つ。
・言い合いをすると，どんどん悪口を言ってしまう。
・素直に言えばいいのに，と自分に対して思っている。

　このようなもめごとの認識にもっていくことが，この時間のねらいです。実際の取り組みを終えたクラスでは，ピア・メディエーションをしなければならないほどのもめごとは，なかなか起こりません。その理由は，この時間の「もめごとを客観視できている」ということと，「もめごとの解決の仕方を，子どもたちが考える」からだと思っています。

　3時間目：みんなのもめごとを解決してみよう！
　この時間では，1時間目で使ったシートを整理した，"もめごとカタログ"を使います。それは教師が提示するもめごとの事例よりも，

子どもたちの生活場面にあるもめごとを題材にしてロールプレイをしていくことで，これからの生活で活かすことができる

と考えたからです。カタログを子どもたちに配ると，「あーあれか！」「これやったら，解決できそう」など，それぞれに話し始めます。
　① 「カタログからもめごとを選び，シナリオを考えてください」
　グループ（3人）でロールプレイをするために，メディエーターか，もめている当事者かの役割を決めて，セリフや解決方法などを考えます。
　② 「練習してみよう！」
　どのような流れで解決できるか，ロールプレイの開始です。事例によって，座って話し合う子，立ちながら話し合う子，様々です。自分たちが，あれだけ困っていたもめごとでしたが，みんな笑顔で演じています。上手な子たちには

図7　発表する子どもたち

前で発表してもらってもいいでしょう。以下は授業後の子どもたちの感想です。

> ・落ちついて話し合いをすれば，解決できることを知った。
> ・自分のことだけでなく，人のことも考えた方がいいと思った。
> ・みんなで学んだから，声をかけやすくなったような気がする。

終わりに，子どもたちにこの取り組みの留意事項を伝えます。

> ①暴力をしている場合は話し合いでなく，すぐに先生を呼ぶこと。
> ②「入っていい」と聞いて，ダメだったら先生を呼ぶこと。
> ③怒りやいらだちで話し合えない場合は，話し合いをやめること。
> ④メディエーションを知らない子には，話し合いは難しいこと。

ピア・メディエーションは，もめごとの解決策を子どもたちが提案し考え合います。この時，活躍した子は，日頃もめごとにかかわることの多かったA男でした。A男は「そんな言い方やったら，相手は納得せぇへん！」ともめごと解決の助言をしてくれます。この授業のよさは，日頃もめごとにかかわることの多い子が，主役となれることです。

3 いじめ指導の極意
予防・治療に共通する指導の原則

予防編ではPBIS（ポジティブな生活指導），治療編ではピア・メディエーションを紹介しました。ここでは導入する上での原則を紹介します。

(1) 教師が子どもにとってのモデルとなる

教師ができないことは，子どももできません。予防編での認め合い，治療編でのもめごと解決を子どもと取り組む上で大切なことは，

> 取り組みのゴールとなるモデル（姿）を教師が先に示す

ということです。教師がまず「子どもの姿を認める，ほめる」，教師が「公平に話を聞き合い，もめごとの解決をする」これだけでもクラスは変わります。子どもたちと教師が同じ方向（目標）に向けて，一緒に取り組む。これが子どもたちの心を変えていくためには必要です。

(2) 子どもたちのニーズに合った取り組みをする

取り組みを計画する上で大切なことは，

> 教師が見るクラスの実態，子どもが見るクラスの実態は異なる

ということです。教師が問題や課題だと思っていても，それが子どもたちの課題（ニーズ）と合致するとは限りません。今回，予防編では"ステキな行動チャート"，治療編では"もめごとカタログ"という形で，子どもたちの生活実態を踏まえつつ取り組みました。「子どもたちの生活をよりよくしたい」と考えるならば，そのための取り組みも生活に合わせたものでなければなりません。資料や読み物教材にはない，生の子どもたちの生活を教材として授業をする。これによって子どもたちに「自分たちの取り組みだ！」という意識をもってもらうことができます。

(3) 子どもが主役となる取り組みをする

いじめ予防・治療で一番大切なことは，

> いじめを生まないクラスに変えるのは，子どもたち自身である

ということです。よって教師は，

> 子どもたちが自分で解決できる力を身に付けるための支援をする

ことに徹することが重要です。教師がいくら頑張っても，子どもたちが主体となっていなければ，クラスを変えることは難しいでしょう。

　ピア・メディエーションはその支援策として，非常に有効なものだと考え

ています。もめごとというネガティブな問題を，自分たちで解決するわけです。例えばもめごとの解決策が「じゃんけん」であっても，教師が「じゃんけんをしなさい」と言うのか，子どもたちが「じゃんけんで解決しようか」と言うのでは，子どもの気持ちは大きく違います。

　子どもたちがもつ力を信じて，「子どもが主役となっていじめを生まないクラス」をつくりましょう。

（松山　康成）

【参考文献】
＊１　森田洋司・滝充・秦政春・星野周弘・若井彌一『日本のいじめ―予防・対応に生かすデータ集』金子書房，1999
＊２　池島徳大・松山康成『学級における規範意識向上を目指した取り組みとその検討―"PBISプログラム"を活用した開発的生徒指導実践―』奈良教育大学教職大学院研究紀要「学校教育実践研究」6　pp.21-29，2014
＊３　松山康成・池島徳大『ピア・メディエーショントレーニングプログラム（PMTP）を用いた生徒指導実践』「ピア・サポート研究」12，2014
＊４　池島徳大・竹内和雄『DVD付きピア・サポートによるトラブル・けんか解決法！―指導用ビデオと指導案ですぐできるピア・メディエーションとクラスづくり』ほんの森出版，2011

「クラス」というチーム VS いじめ

　いじめ指導で特に重視しているのが、「予防指導」です。予防指導では、「『クラス』というチームみんなで、いじめを防いでいく」ことを常に心がけています。教師一人だけがいじめに対して目を光らせているのではなく、「子どもたちも含めたクラスみんなの力で、いじめが起きないようにしていく」ということです。そのために、4月の学級開きから、様々な手立てを打っていきます。

　しかし、どんなに予防指導を行っても、いじめは起きてしまうことがあります。起きてしまった場合は、「治療指導」です。治療指導でも、「『クラス』というチームみんなで、いじめを解決していく」ことを常に心がけています。常に「クラス」という枠組みで考えていくのです。クラスの中で起こったいじめに対し、まずは、「これはクラスみんなの問題である」という当事者意識をもたせることが大切です。その上で、「クラスみんなの力でそのいじめを解決し、次につなげていくにはどうすればよいか」を子どもたち一人一人に考えさせていきます。

いじめ予防編
1 まずは「予防指導」を重視！いじめを未然に防ごう！

　日頃から行っている予防指導のうち、五つを紹介します。

(1) 「クラスの目標」と「みんなの約束」を決め、効果的に活用しよう！

　私のクラスでは、4月の3週目ぐらいまでに、「クラスの目標」を決めます。「1年間が終わる時、どういうクラスになっていたいのか」「どういうクラスなら、安心して『自分らしさ』を出していけるのか」ということをしっかりと話し合わせます。

話し合いの進行は，基本的に子どもたちに任せます。学級委員が司会をします。あらかじめ一人一人に宿題を出し，三つの「キーワード」（例：①「笑顔」②「思いやり」③「努力」など）を考えてきてもらいます。それをもとに，班→全体という流れで話し合いを行います。その際，話型（「○○というキーワードをクラス目標に入れるといいと思います。なぜなら，クラスみんなに〜というよさがあると思うからです」）を指導すると，話し合いが円滑に進む一助となります。

　先ほど，「基本的に」子どもたちに任せると書きましたが，「こういうクラスになってほしい」という教師の願いは，最初にしっかりと伝えます。また，話し合いの状況に応じて，「ペアで相談する時間を入れたら？」「今の意見について，他の人にも聞いてみたら？」などの助言を入れていきます。

　学級目標が決まったら，次は「みんなの約束」を決めます。「みんなの約束」は，「クラスの目標」に一歩ずつ近づいていくための具体的な行動指針となります。

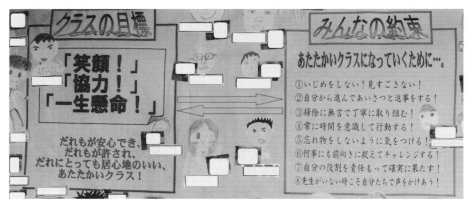

　　　　ある年の「クラスの目標」と「みんなの約束」[*1]

　ポイントとしては，この「みんなの約束」に，「**いじめを防ぐ効果のある約束**」を入れることです。上記の資料だと，「①いじめをしない！見すごさない！」がそれにあたります。子どもたちに，「みんなが笑顔で楽しく過ごせるには，どういう約束があるといい？」「『クラスの目標』を達成するため

に,『いじめ』についての約束を入れてみない？」などと声をかけるとよいです。

そして、この「クラスの目標」と「みんなの約束」は、「絵に描いた餅」にならないように、**毎朝の朝の会で、クラス全員で声に出して読む**とよいでしょう。毎日読むことで、子どもたちの意識が高まっていきます。もちろん、クラス目標を意識している行動や、みんなの約束を守っている行動があった場合は、その都度たくさんほめていきます。価値付けを図るのです。

このように、「クラスの目標」と「みんなの約束」を効果的に活用することにより、「クラス」というチームみんなで、いじめを防いでいきます。

(2) 「友だちのいいところ探し」を通して、一人一人のよさを認め合おう！

私のクラスでは、年間を通して「友だちのいいところ探し」という取り組みを行っています。

> 1. 月曜日に、「今週は〇〇君と△△さん」と、その1週間でいいところを探す人を2人決める。
> 2. 1週間かけて、〇〇君と△△さんのいいところを探す。
> 3. 金曜日に、クラス全員に紙を渡し、その2人のいいところを書いてもらう。
> 4. いいところを書いてもらった紙を全員分貼り、印刷して全員に配る。
> 5. 1～4を繰り返し、クラス全員のいいところを探していく。

この取り組みにより、クラスみんなが友だち一人一人のよさを共通理解することができます。「**人には必ずよさがあり、一人一人がクラスにとって大切な存在である**」という意識が高まります。これは、いじめを防ぐ上で、とても大切な考え方です。

ポイントとしては、これも毎朝の朝の会で、日直に「今週のいいところ探しは、〇〇君と△△さんです」と言ってもらい、**クラスみんなの意識を高める**ことです。

また、〇〇君と△△さんが親切なことをしたり何かを頑張ったりしたら、

「○○君のいいところ，発見！」と，**教師が大きな声で言い，周りの子に気付かせます。**教師がどんどん声かけをしていくと，子どもたちもそれを真似するようになります。その結果，クラスみんなが友だち一人一人のよさを認め合えるクラスになっていき，いじめの防止につながります。

このように，「友だちのいいところ探し」を通して一人一人のよさを認め合うことにより，「クラス」というチームみんなでいじめを防いでいきます。

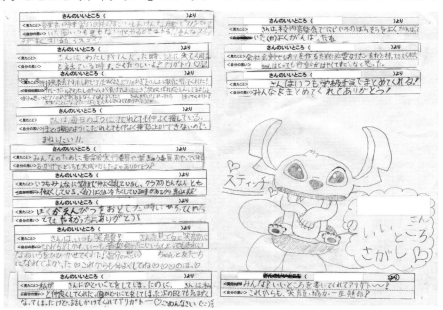

(3) 「ホメホメタイム」を通して，友だちのよさを直接伝え合おう！

私のクラスでは，毎週「ホメホメタイム」という取り組みを行っています。これは，赤坂真二氏の「ホメホメクラブ」をもとにしています*²。

1．2人組のペアをつくる（このペア決めも，大切なポイントです）。
2．ジャンケンをする。
3．勝った人から順番に，ペアのいいところを伝えていく。

4．時間がきたら終了。
5．新しいペアをつくり，1～4を繰り返す。

　この取り組みを通して，「友だちのよさを認め，伝える」ことを，クラス全員が毎週行います。それにより，**友だちのよさを伝え合うことの心地よさ**を感じます。そのうちに，ホメホメタイム以外の場面でも，友だちのよさや頑張りを認める言葉が飛び交うようになります。その結果，子どもたち一人一人がお互いのことを理解し，認めるようになり，いじめ防止につながります。

　ペア決めの方法については，事前に子どもたちと確認しておいた方がよいでしょう。一人になる子が出ないように，最初は配慮が必要です。教師がペアを決めてもよいと思います。慣れてくると，「男女で行いましょう」「まだ一度もペアになったことがない人と組みましょう」など，教師のねらいに応じて様々にアレンジができます。

　ポイントとしては，**教師が笑顔になり，楽しい雰囲気で行う**ことです。笑顔が多く，楽しい雰囲気のクラスは，子どもたちが安心して「自分らしさ」を出せるので，いじめが起こりにくいです。**雰囲気づくりは，教師の大切な役割の一つです**。まずは教師が笑顔になり，楽しい雰囲気で行いましょう。

　このように，「ホメホメタイム」を通して友だちのよさを直接伝え合うことにより，「クラス」というチームみんなで，いじめを防いでいきます。

(4) 「学級だより」を出し，効果的に活用しよう！

　私は，学級だよりを週に一度出しています。この学級だよりも，ただ「出来事の紹介」だけになってしまってはもったいないです。

学級だよりに、「『こうなってほしい』という教師の願い」を盛り込んでみてはいかがでしょうか。私の場合、学級だよりの対象は、子どもたちです。学級だよりを配ったら、**必ず読み聞かせをする**ようにしています。なので、学級だよりは、「子ども向け」の文章で書くようにしています。

ポイントとしては、「ほめ」の姿勢で書くことです。例えば、「クラスみんなで協力できたことをほめる」「思いやりのある行動をした子をほめる」など、たくさん子どもたちをほめましょう。

私は、もしほめることがなければ、「**幻をほめる**」ようにしています。「こうなってほしい」という教師の願いを込めて、**いかにもそういう行動をしたかのようにほめる**ということです。例えば、「休み時間に男女仲良く遊んでほしい」と思ったら、「先生が最近『いいなあ』と思うのは、休み時間に、みんなが男女で楽しそうに遊んでいることです。みんなの心がつながってきて、どんどんあたたかい雰囲気になってきているのを感じます。とてもうれ

しいです。これからも，男女で協力できるクラスになっていきましょうね」
と書きます。

　学級だよりが配られ，自分たちのことをほめられると，子どもたちはとても
うれしそうな表情をします。クラス全体があたたかい雰囲気に包まれます。
学級だよりでほめたような行動を行うようになっていきます。最初は，幻で
もいいのです。たくさん子どもたちをほめてあげてください。それが，いじ
めの防止にもつながります。

　このように，学級だよりを効果的に活用することにより，「クラス」とい
うチームみんなで，いじめを防いでいきます。

(5)　子どもたち一人一人と個人面談を行おう！

　私は，定期的に，子どもたち一人一人と「先生とのおしゃべりタイム」という個人面談を行っています。これは，休み時間や放課後などを使い，クラスの子どもたち一人一人と1対1で話をする時間です。

　事前に2種類のプリントを子どもたちに渡し，記入してもらいます。自分で作っている「『先生とのおしゃべりタイム』プリント」と，学校全体で取り組んでいる「いじめプリント」です。それらのプリントをもとに話をします。

　ポイントとしては，「友だち関係はどうか？」「悩んでいることはないか？」「あなたから見て，このクラスはどうか？」ということを，必ず聞くことです。いじめに関係してくるところですね。

第2章　いじめに強いクラスづくり　予防と治療マニュアル　45

「〇〇さん，『最近，△△さんと□□さんから無視されている』と書いているよね。あなたの力になりたいから，詳しいことを教えてくれる？」「〇〇君，このプリントに，『△△君と□□君が，先生のいないところで，××君をいじめている』と書いているよね。知らせてくれて，ありがとう。具体的に教えてくれるかな？」などと聞きます。そして，「実は…」と話し出したら，しっかりと話を聞き，適切に対応するようにしています。

　また，「こういうクラスになってほしい」という教師の願いも，この場でもう一度一人一人に伝え，協力をお願いするとよいでしょう。

　私の学校では，7月と12月に「保護者との個人面談」があります。その際に，「おしゃべりタイム」でのことを保護者に伝えるようにしています。特に，友だち関係に不安を抱えている子の保護者には，事情を説明し，協力を依頼します。

　このように，子どもたち一人一人と個人面談を行うことにより，「クラス」というチームみんなで，いじめを防いでいきます。

いじめ治療編
2 もしいじめが起こってしまったら，「治療指導」！クラスみんなでの解決を目指そう！

　どんなに予防指導を行っても，いじめは起きてしまうことがあります。私のクラスで実際に起こったいじめのエピソードと「治療指導」について，以下に紹介します。

〈いじめエピソード〉
　「女子の手紙やりとり事件における，『クラスみんなでの解決』」
〈学年〉
　6年生（子どもたちは5年生からの持ち上がり。私は6年生から受け持つ）
〈時期〉

7月
〈内容〉
　クラスに，Aさん・Bさん・Cさんの3人がいました。3人は，普段からいつも一緒にいました。とても仲良しでした。
　7月に，ある学校行事のオーディションがありました。立候補したのは，Aさんと，同じクラスのDさんでした。オーディションの結果，Dさんに決まりました。
　それを知ったBさんは，AさんとCさんに手紙を書きました。そこには，こう書かれていました。

> 　絶対，Aさんの方がよかったよね。どうしてDさんになっちゃったんだろうね。Dさんがやるって，嫌だよね。Dさんて，意地悪だもん。私も，Dさんに嫌なことされたことがあるよ。Dさんとは，話さないようにしようよ。みんなにも言ってみよ。

　（後でわかったのですが，3人は，前年度からずっとこうした内容の手紙のやりとりをしていたそうです。学校で，こっそりと手紙の受け渡しをしていました。私は，全く気が付きませんでした）
　Bさんは，この手紙をAさんとCさんに回しました。すると，Aさんが，この手紙をうっかり教室に落としてしまいました。拾ったのは，なんとDさんです。Dさんは，自分の名前が書かれてあるのを見て，「何だろう」と思い，読んでしまいました。Dさんは，ショックのあまり，その場で泣き崩れました。
　（これも後でわかったのですが，Dさんは，手紙に書かれてあるような「意地悪」や「嫌なこと」をBさんにしたことはなかったそうです。Bさんが「話を作ってしまった」ということでした）
　Dさんは，深く傷つきました。そして，Dさんの様子がおかしいと感じた他の子たちも，その手紙に気付いて読んでしまいました。その場は，騒然とした雰囲気になりました。そこに，私が教室に戻ってきました。

〈「治療指導」の流れ〉
(1) 状況把握

　まず，何が起こったのかを把握することに努めました。Ｂさんが書いた手紙を回収し，私も読みました。一連の流れを知っている子たちに話を聞き，大体の状況をつかみました。

> 　まずは全体の雰囲気を落ちつかせます。その上で，「この状況について，何が起こったのかを落ちついて説明できる人はいますか？」と子どもたちに聞きます。数名の子たちが名乗り出ると思います。他の子たちにやるべきことを指示したら，その子たちに，「どうしてＤさんが泣いているのか」「場が騒然としているのか」のおおまかな経緯を聞きます。もちろん，その話が事実とは限りません。あくまで「状況把握」です。また，ここで教師が感情的になってしまってはいけません。落ちついて対応することが大切です。

(2) Ｄさんへの対応

　泣いているＤさんに声をかけました。
　「Ｄさん，先生と一緒に，相談室に行こう」
　当時の勤務校には，「相談室」といって，落ちついて話ができる部屋がありました。そこにＤさんを連れて行きました。Ｄさんはずっと泣いていました。話をすることができませんでした。Ｄさんには，「つらかったね。今は泣きたい気持ちだよね。Ｄさんの気持ち，わかるよ。今から，先生は，Ａさん・Ｂさん・Ｃさんと話をしてくるね。落ちついたら，話を聞かせてくれる？」と声をかけました。そして，クラスの数人の子に声をかけ，Ｄさんの様子をそっと見ていてほしいとお願いしました。

> 　一番ケアが必要なのは，Ｄさんです。Ｄさんには，気持ちを落ちつかせる時間と場所が必要です。また，気持ちを共感することが大切です。「先生はあなたの気持ちを理解しようとしている」ということをしっかりと伝えます。

(3) 事実確認

　Aさん・Bさん・Cさんを一人ずつ呼んで，先ほどの「状況把握」をもとに，一つ一つ事実確認をしていきました。「手紙回しはいつから行っていたのか」「今まで，どんな内容を書いていたのか」「どこで交換していたのか」「Dさんは3人にどんな意地悪なことをしたのか」（実際は，何もしていませんでした）「今，Dさんはどんな気持ちだと思うか」「今回，Dさんの心を深く傷つけてしまったことについて，どう感じているのか」「今後，どうしていくつもりなのか」などなど，一人一人とじっくり話をしました。

　一人一人に話を聞いた後，3人を一斉に集めました。3人揃ったところで，事実を再確認しました。その上で，「これは『いじめ』だということ」「とても卑怯なことであるということ」「Dさんの心を深く傷つけてしまったということ」を伝えました。

　その上で，「クラスは，全員が糸でつながっている。誰かのトラブルや悩みは，クラスみんなのトラブルや悩み。今回のことも，みんなで話し合って解決を目指し，次につなげていく」と伝えました。これは，4月に私がこのクラスを受け持ってから，日々伝え続けていたことでした。こうして，クラスみんなで今回のことを話し合うことになりました。

　この事実確認は，この後の「保護者対応」「クラスみんなでの話し合い」にもかかわってきます。「なぜ」「どういう経緯で」いじめが起こったのかを確実につかみます。また，加害者の表情や様子，話し方から，自分たちがしたことに対してどのように感じているかを読み取ります。加害者全員に事実を納得させることが大切です。事実を納得していない状態でこの後に進むと，加害者自身も加害者の保護者も，不信感をもちます。

(4) 保護者対応（その1）

　ここまで指導した後，Dさんの保護者に連絡しました。「何が起こったのか」「Dさんの今の様子」「ここまでどのような指導をしたのか」を伝えまし

た。その上で,「誰かのトラブルや悩みは,クラスみんなのトラブルや悩みなので,今回のことをクラス全体で話し合いたい」ということをお願いしました。Ｄさんの保護者からは,「今後,クラスでこういうことが起こらないようにするためにも,ぜひみんなで話し合ってほしい」と言っていただきました。

> 「クラスみんなでの話し合い」をしてもよいか,被害者の保護者に許可をとります。状況にもよると思いますが,特に状況が深刻な場合,クラスみんなでの話し合いを行うことで「傷が深まる」と考える保護者もいます。配慮が必要です。

(5) **クラスみんなでの話し合い**

　クラスみんなで,話し合いに入りました（もちろん,Ａさん・Ｂさん・Ｃさんは話し合いに参加しました。Ｄさんにも声をかけましたが,「話し合いには参加せず,相談室にいる」とのことでした）。

　まずは,私から,今回の出来事について,クラスみんなに詳しく説明しました。その上で,「今,Ｄさんはとても傷ついています。ＡさんとＢさんとＣさんは,自分たちのしたことがＤさんの心を深く傷つけてしまったと感じています。誰かのトラブルや悩みは,クラスみんなのトラブルや悩みです。Ｄさんのためにも,クラスのためにも,みんなで今回のことを真剣に考えましょう。そして,Ａさん・Ｂさん・Ｃさんには,大切なことをしっかりと伝えてあげましょう。意見のある人から,どんどんみんなに伝えていってください」と促しました。

　クラスのほとんど全員が,立ち上がって自分の思いをみんなに伝えました。主に,「Ｄさんは,深く傷ついてしまったので,クラスみんなで支えていきたい」「Ａさん・Ｂさん・Ｃさんには,自分たちがしてしまったことの重大さを深く感じてほしい。そして,もう二度とこういうことはしないでほしい」という意見が多く出ました。

中には,「これは『いじめ』です。3人は,自分たちが何をしたかわかっているのですか。Dさんの気持ちになってください。とても卑怯なことだと思います」と泣きながら訴える子もいました。また,「Dさんのことはもちろん支えていくけれど,Aさん・Bさん・Cさんもクラスの仲間であることに変わりはないので,これからまたみんなでいいクラスをつくっていきたい」という意見も出ました。

　話し合いの最後に,Aさん・Bさん・Cさんに,今の気持ちをみんなに話してもらいました。3人とも,泣きながら,反省の言葉を言っていました。

　話し合いが終わり,Dさんがいる相談室に行きました。話し合いの内容をDさんに伝えました。すると,Dさんが「みんなに話をしたい」と言うので,一緒に教室に入りました。Dさんは,みんなに向かって,「今回のことは,本当にショックで,悲しかった」ということと,「もう,こうやって傷つく人が出てほしくない」ということを,涙ながらに伝えました。

　その後,Aさん・Bさん・CさんからDさんに,謝罪の言葉がありました。

> 　「クラスみんなでの話し合い」を行う上で大切なことは,「今回のことは,クラスみんなに関係することである」という当事者意識を強くもたせることです。また,「何のために,この話し合いが行われるのか」ということも理解させます。みんなで今回のことを解決し,次につなげていくための話し合いです。加害者をみんなで攻撃するために,この話し合いを行うのではありません。最初にしっかりとそういった説明を行った上で,話し合いに入ります。全員に意見を言わせると,より意識が高まるでしょう。

(6) 保護者対応（その2）

　Dさんの保護者に,「クラスでの話し合いの内容」と,「Dさんの今の様子」を伝えました。そして,「Dさんは深く傷ついて家に帰るので,サポートしてあげてほしい」とお願いしました。Dさんの保護者からは,「わが子が傷ついたことは親として悲しいけれど,しっかりと対応してくれてありが

とうございました」という言葉をいただきました。
　その後，Ａさん・Ｂさん・Ｃさんの保護者にも連絡をとり，「今回の一連の流れ」と「指導の経緯」をすべて報告し，「家庭でも話をしてほしい」ということをお願いしました。

> 　加害者の保護者には，「悪い」という事実のみを伝えるのではありません。「こういうことがありましたが，今回のことをこれからに活かせるように，学校でも○○さんの様子を見て，しっかりとサポートしていきます。ご家庭と学校で連携を取り合っていきましょう」という「支える」姿勢をしっかりと伝えましょう。

〈その後の様子〉
　この出来事をきっかけに，クラス全体の雰囲気が変わりました。「みんなでクラスをよくしていこう」という意識の高まりが，子どもたちの発言や行動から，より感じられるようになりました。それまではクラスのことをどこか他人事のように感じていた子たちも，「自分たちの力で，いじめを防いでいこう」という当事者意識をもつようになりました。
　このクラスはその後，いい形で卒業を迎えることができました。Ａさん・Ｂさん・ＣさんとＤさんの関係も，その直後はぎこちなかったものの，周りの子たちのサポートもあり，少しずつ回復していきました。
　この指導で私が一番気を付けていたことは，「『クラス』というチームみんなで，いじめを解決していく」ことでした。教師が一方的に話をし，「いじめはいけない！」「いじめをなくしていこう！」と伝えることも，効果がないわけではありませんが，どこまで子どもたちの心に響くのかはわかりません。高学年の子たちは，教師に言われるよりも友だちに言われる方が，心に響くことがあります。
　どんなに予防指導をしていても，いじめは起こってしまうことがあります。起こってしまったいじめは，もう取り消せません。大切なことは，「治療指導」を行う中で，「クラスみんなの力でそのいじめを解決し，次につなげて

いくにはどうすればよいか」を子どもたち一人一人に考えさせていくことではないでしょうか。

目の前にいる子どもたち全員が，安心して「自分らしさ」を発揮できるクラスを，子どもたちと共につくり上げていくのです。

いじめ指導の極意
3 自分たちの力でいじめに対応できる子ども集団に

「いじめ指導」について，私が大切にしていることを要約すると，次の二つにいきつきます。

> ①まずは「予防指導」を重視し，いじめを未然に防ぐ！
> ②「クラス」というチームみんなで，「予防指導」と「治療指導」に取り組む！

残念ながら「いじめ」は，子どもたちが成長していく上で，どうしても起こりうることです。どんな環境であっても，どんな組織に属したとしても，いじめが起こる可能性はあります。

だからこそ，「自分たちの力で，いじめに対応できる子ども集団にしていく」ことが大切です。なぜなら，子どもたちは，いずれ私たちの手元から離れていき，自分の力で歩んでいくからです。子どもたちの側に私たちがずっといて，守ってあげることはできないのです。

私は，これからも，子どもたちの将来のことを考え，覚悟をもって「いじめ指導」に取り組んでいきます。「『クラス』というチームみんなで，いじめに向き合える子ども集団」を，共に育てていきましょう。

（浅野　英樹）

【参考・引用文献】
* ＊1　金大竜「形に込められた想い」『教師のチカラ』日本標準，2013年秋号
* ＊2　赤坂真二『スペシャリスト直伝！　学級づくり成功の極意』明治図書，2011年

3 クラスへの誇り，愛着こそが いじめを寄せ付けない

いじめ予防編

1 つながる，つなげる，つなげ続ける

　大人が願ったり思ったりしているだけでは，いじめの発生を食い止めることはできません。また，「人をいじめるな」と抑制したり，いじめがどんなにいけないことかを教えたり，いじめに遭わないように守ったりするだけでもなくすことはできません。なぜなら，実際にいじめをするのもされるのも，子どもたち自身だからです。子どもたち自身が，いじめを自分たちの問題として考え，本気で何とかしようと実際に行動し始めた時に初めて，大人の教えや助けが活きるのだと考えます。

　インフルエンザに感染しないよう「うがい，手洗いの励行」が叫ばれます。しかし，どんなに予防しても100％感染を防ぐことなどできません。ですから万が一感染しても，それに打ち勝つ強い体力づくりや，インフルエンザを発症させない逞しい体づくりをすることの方が大切なのです。

　いじめ指導も同じです。大人がいつでもすべてを把握し，防いだり守ったり解決したりすることなどできません。ですから，大人がいなくても，自分たちで考え，判断し，行動を選択し実行していけるようになることが必要です。いじめを起こさない指導ももちろん大事ですが，いじめに打ち勝つ学級づくり，いじめを発症させない逞しい学級づくりこそが大切だと考えます。

(1) 教師と子どもがつながる

　いじめは絶対に許さないと伝えることは大事です。しかし，教師と子どもの間に信頼関係が結ばれないまま言っても，子どもの心には届きません。「ああ，どの先生も同じこと言うなあ」という程度にしか受け取られないで

しょう。

　子どもたちが「先生が語ることは大切で価値がある」，「先生が言うことを目指したい達成したい」と思うためには，教師が信頼できる存在になることです。この先生の言うことなら，この先生が言うのならやってみようと思われる存在になることです。

　そのためには，まずは教師が子どもとつながること。つながりをつくる中で信頼関係が生まれ，この先生は味方だと理解されるようになるのです。

　① いじめ行為を許さない宣言でつながる

「学校は学ぶところです。学ぶ上で大事なことは何だと思いますか」

こう質問すると，子どもたち（実践は２年生）からは，概ね次のような反応が返ってきます。

・頑張ること。
・先生のお話をよく聞くこと。
・宿題をちゃんとやること。
・教科書をちゃんと持ってくること。
・おしゃべりをしないこと。

どの考えも肯定しつつ，次のように話を続けます。

「みんなの考えをまとめると，全力で頑張ることという意味ですね。そうです。学ぶのに必要なことは，全力で頑張ることです」

全力でがんばること。

こう板書した後，次のように続けます。

「実は，学ぶのに大切なことがもう一つあります」

そう言って，今度は無言で板書します。

間違うこと。

子どもたちは，「え？」という顔をします。あえて説明せずにこう問いま

す。

「なぜ，学びに間違うことが大切なのだと思いますか」

少しだけ考える時間をとり，ペア対話を1分間とります。多くの場合，いじめはよくないと思っていても傍観する子が存在します。自分には無関係，かかわると損，と考えるからです。そしてそれは，いじめられている子の立場に立って考えていないことであり，周囲で起きていることを自分ごととして捉えていないことであります。ですから，学級のスタートから自分に物事を引きつけて考えることを習慣付けることは，非常に重要なことだと考えます。

さて，なぜ間違えることが大事なのでしょうか。

> **全力で頑張ったら，間違うもの。**

間違いを恐れて手加減したりやらなかったりするのは全力とは言えません。自信がなくても精一杯チャレンジすること，つまり，思いっきり自己開示をすることが学びには必要だと考えます。

> **人が本気で全力で頑張ると，間違うものなのです。だから，全力で頑張る人を笑ったりばかにしたりすることは，絶対に許しません。**

クラスには様々な子がいます。勉強が得意な子もいればそうでない子もいます。運動や音楽や絵画，話すこと聞くこと…それぞれが得意なことや苦手なことがあります。得意な子ばかりがもてはやされ，そうでない子が笑われたりばかにされたりしては，安心してチャレンジできなくなります。

誰にだって自分の力を伸ばしたり，眠っている可能性を開花させたりする権利があります。頑張ったことを笑われたりばかにされたりしては，思い切ってチャレンジできなくなるばかりか，できる子，得意な子が権力をもち，そうでない子の存在は軽んじられてしまいます。人間関係の序列化にもつながるでしょう。

権利の侵害，からかいや嘲笑，蔑視…これらはすべていじめにつながる行

為です。これらを許さないと教師が語ること自体がいじめの抑止力になります。いじめ行為を許さないと宣言できる先生は「頼りになる」「信頼できそう」な存在として位置付けられます。

② 指導の一貫性を見せることでつながる

「隠れたカリキュラム」をご存じですか。文部科学省『人権教育の指導方法等の在り方について［第三次とりまとめ］』には次のように記されています。

> 【隠れたカリキュラム】
> 　児童生徒の人権感覚の育成には，体系的に整備された正規の教育課程と並び，いわゆる「隠れたカリキュラム」が重要であるとの指摘がある。「隠れたカリキュラム」とは，教育する側が意図する，しないに関わらず，学校生活を営む中で，児童生徒自らが学びとっていく全ての事柄を指すものであり，学校・学級の「隠れたカリキュラム」を構成するのは，それらの場の在り方であり，雰囲気といったものである。
> 　例えば，「いじめ」を許さない態度を身に付けるためには，「いじめはよくない」という知的理解だけでは不十分である。実際に，「いじめ」を許さない雰囲気が浸透する学校・学級で生活することを通じて，児童生徒ははじめて「いじめ」を許さない人権感覚を身に付けることができるのである。だからこそ，教職員一体となっての組織づくり，場の雰囲気づくりが重要である。

「隠れたカリキュラム」の怖いところは，

- 教師の意識とは別に
- 教師の意図に反して

子どもが何かを学び取ってしまうことにあります。教師が教えようとしていないこと，あるいは教えようとしたこととは別なことを受け取ってしまうのです。次の場面を思い浮かべてください。

> 算数が苦手なA君。何とかできるようにしてやりたいと思い，授業中は教師が付きっきりで指導する。

　教師は善意で個別指導をしています。しかし，これが毎時間続けば，周りの子はどのように受け取る可能性があるでしょうか。

- A君ばっかりずるいなあ。僕だってわからないのに…。
- A君は勉強ができないから，いつも先生がそばに来るんだ。
- A君にばっかりかまって，他の子はどうでもいいみたい…。

日頃言葉で
「一人一人が大事だよ」
「全力で頑張る人を笑ったりばかにしたりしてはいけないよ」
と伝えても，教師が上記のような行動を繰り返していれば，周りの子は次のようにメッセージを受け取ってしまうかもしれません。

- 一人一人ではなくA君だけが大事である。
- 先生は，A君は勉強ができないからいつもそばに行くのだ。
- A君は勉強ができないから，特別扱いされているのだ。

　こういった言行不一致は，教師への不信感を抱かせます。不信感は教師と子どもの距離を遠ざけます。子どもが安心して教師を信頼し距離を縮めるためにも，自分の言動が一致しているか，自分の言動が子どもにどう受け取られる可能性があるかを常に省察することが肝要です。

(2) 子どもと子どもをつなげる

　教師と子どもがつながりながら，同時に子どもと子どもがつながれる手立てを講じていきます。教師と子どもが信頼関係でつながれるからこそ指導が成立するのと同じように，子どもと子どもも信頼関係でつながるからこそ，互いに関心をもち協同し合っていくことができるのです。そのための第一歩

は，互いを知ること。そして理解することです。
① 実際の距離を縮めてつなげる

いきなり，友だちを理解できるわけではありません。理解とは，相手との距離が近くなるにつれて知ることが増え，わかるようになることです。心理学では，物理的距離を縮めることで心理的な距離が縮まると言われています。そこで，年度当初は意識的に子ども同士がかかわる活動を多く取り入れます。ペアトークなどは簡易な方法ですが，ポイントは「短時間に」「多くの機会で」行うことです。学級内の規律が定着していない段階で長時間の活動を入れてしまうと，場の空気が緩み指示がうまく通らない場合があります。最初は３秒から始め，徐々に時間を伸ばしていくのがこつです。

ペアトーク以外にも，授業の中で自然と物理的距離を縮める活動はたくさんあります。いくつかの簡単な例を紹介します。

> ・「グループで，一番手の大きい人がプリントを集めます」
> ・「(指示について) 終わったら，全員でハイタッチをしてから座ります」
>   →自然と手を合わせることになる。
> ・「隣の人と膝をくっつけて向かい合います」
> ・「隣の人と，１冊の教科書を２人で持って音読します」
>   →自然と近寄る。

ただし，学級の状況により，身体的接触が難しい場合もあります。その時は無理せず，物への接触を試みます。

> ・「隣の人の筆箱について，100字で説明文を書きます」
> ・「グループで一番色の多い筆箱を持っている人が，ノートを集めてください」
>   →必然的に，友だちの筆箱を見たり手にしたりする。

② 学級通信でつなげる

①が物理的距離を縮めてつなげるのに対し，②では子どもの具体的な姿を伝えることを通して客観的な理解につなげることがねらいです。その役割を

果たすのが，学級通信です。学級通信は定期刊行で毎日発行しています。私は，刊行目的を次のように考えています。

- 学級での出来事（ストーリー）を伝える。
- 子どものよさを伝える。
- 担任の教育観を伝える。

　子どもや学級について書くということは，教師が子どもや学級を観ているということです。私は教室で通信を読み聞かせますから，子どもたちは学級通信の内容を受け取るのと同時に，教師が自分たちを観ているという眼差しも受け取っています。そういう点では，学級通信が教師と子どもをつなぐツールとして機能していると言えます。

　さて，刊行目的は上記の通りですから，当然内容は子どもが主人公になります。私の学級通信には，毎日のように子どもたちの名前が出てきます。

　子どもというのは，多面的に物事を捉えることが得意ではありません。例えば，忘れ物が多いA君は忘れ物ばかりする人，すぐに泣いちゃうBさんは泣き虫，というように，一面的なラベルで評価しがちです。

　それは，子どもがたくさんの視点をもっていないから，あるいは，たくさんの価値を知らないからだと考えます。実生活での

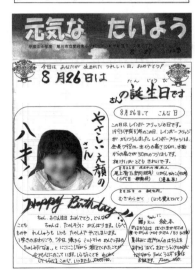

経験が少ないのですから当然です。だからこそ，その視点や価値を教師が通信を通じて広げるのです。

A君が教室の戸を丁寧に閉めたり，落ちていたジャンパーを掛けたりする姿などを通信で紹介すれば，A君は「忘れ物が多い子」というラベルだけではなく，「丁寧な子」「物を大事にする子」「優しい子」「よく気が付く子」などというラベルももつことになります。結果，A君をマイナス視点だけではなく，いろんな角度から見てもらえることになります。周りの子にとっては，人を見る目や人のよさの幅が広がり，多面的に友だちを観ることにつながります（60ページ上図）。

　また，多くの実践家が取り組んでいる誕生日通信も，一人一人のよさをシェアするのに優れた方法です（60ページ下図）。

　誕生日通信では，子どもからは見えにくいその子のよさを見つけて書くことにしています。具体的なエピソードを紹介することで日頃の姿と結びつけてイメージすることができ，肯定的な共感につながります。

(3)　全員をつなげ続ける

　いじめは集団の中で起こります。ですから，教師と子ども，子どもと子どもという1対1の関係性だけを深めても限界があります。傍観者や観衆をつくらないという考え方もありますが，私はそれ以上に全員がつながり続けることによって学級への愛着が高まり，それがいじめ抑制につながると考えています。

　「このクラスの人たちは，基本的にはみんなよさをもっている」

　「このクラスが大好きだ。だからクラスにいじめは似合わない」

　という思いが，いじめを顕在化させ，結果としていじめを抑制したり早期発見したりすることにつながるのではないかと考えます。

　①　鉄板アイテムでつなげ続ける

　音楽ムーブメント（リトミックを学校教育用にアレンジしたもの）「何回鳴ったかな」というアクティビティがあります。これは，筑波大学附属小学校の高倉弘光氏や北海道美深高等養護学校あいべつ校の国府由香利氏から学んだものです。私はこの活動を，毎時間音楽の授業の冒頭で，ウォーミン

アップとして行っています。

> ①音楽に合わせて歩く
> ②太鼓の鳴った数と同じ人数で手をつなぐ
> ③太鼓・3回・「おちゃらか　ほい」
> 　　　　4回・「アルプス一万尺」
> 　　　　5回・「なべなべそこぬけ」

　予め「同じ人とはならない」「男女が必ず混ざる」「太鼓が鳴ったらすぐに手をつなぐ」などをルールとして提示しておきます。そうすることで男女が偏ったり特定の子だけでくっついたりすることなく，必然的に多くの友だちと触れ合いを深めることができます。

　誰とグループになるかという緊張感と，一緒に単純なゲーム（おちゃらかほいなど）を行う楽しさから，友だちと活動することをプラスの体験として積むことができます。また，誰とでも活動しなくては成立しないアクティビティですから，毎回たくさんの人とコミュニケーションをとることになります。

　これを繰り返していくことで，教室には誰とでも活動できるという文化ができあがります。この価値を教師が適切な言葉でフィードバックすることにより，集団の肯定感が上がります。「自分たちの学級はすごい」「誰とでも活動できるいい学級だ」という学級評価につながります。

　②　エピソードでつなげ続ける

　教室では，様々なことが起こるものです。けんかや仲違い，当番活動でのいざこざ…。学年が小さければどれも個別の問題として，教師対子どもの関係の中で処理できるものがほとんどです。

　しかし，それでは個々の問題として終始し，他の子が学級の問題として考えられなくなってしまいます。直接自分がかかわっていない問題であっても，自分の学級の，あるいは，大事な友だちの問題を自分ごととして考えさせることにより，友だちの気持ちを推し量ったり相手の立場に立って考えたりす

ることができるようになります。つまりそれは，思いの共有です。思いを共有するために，学級でエピソードを語らせます。

例えばグループ活動でＡ君が拗ねて怒ってしまったことがありました。この時，Ａ君とそのグループだけを指導するのではなく，学級にも問題を投げかけます。

> 「Ａ君は，自分がやりたかった仕事ができなくて，悲しくなっちゃったんだって。みんなも，似たような思いをしたことある？」

そうすると，個々の類似の経験が教室で語られます。類似の経験を話す時，友だちの経験を自分の経験と比べる作業をします。

それまで「やりたいことがやれなかったからって拗ねるなんて，Ａ君はわがままだ」としか捉えられなかったのが，自分の同様の経験を想起することで「そういうこともあるよなあ」とわかるのです。これが自分ごととして捉えるということです。

それは，Ａ君をわがままな子として孤立させないばかりではなく，学級の友だちはうまくできないところもあるけど基本的にはみんないい人だ，このクラスはいい人ばかりだという見方を教えることにもつながります。

いじめ治療編
2 つながりを切らない

それは，２学期初めの出来事でした。２年生から受け持った学級で，掛け算九九の暗唱テストをしていた時のことです。つっかかりつっかかり練習しているＢ君に向かって，クラスのリーダー格のＣ君が言いました。

「えええぇ!!!!？　まだ２の段合格していないの!!？　みんなもう４の段にいってるよ！　お前，何やってんだよ～！」

Ｃ君は運動神経がよく，身の回りのこともきちんとでき，勉強も得意。発言力があり活発な子でした。

その発言を聞いて，私の頭にかーっと血が上りました。B君を見下したC君に，猛烈に腹が立ったのです。別の子の九九テストを聞いていた私ですが，ばん，と席を立ってつかつかとC君のところまで歩いて行きました。時間にしておそらく４，５秒ほどだったと思います。
　今にも爆発しそうな怒りをもって歩いていたのですが，この数秒の間に私の中にいろいろな言葉が湧いてきました。
　「C君は本当にB君をばかにしたのだろうか」
　「C君に悪気はあったのだろうか」
　「C君はB君のことを鼓舞しようとしたのではないか」
　「B君はどう思っているのだろう」
　「C君はどんな表情をしているだろう」
　「B君は怒っている？　泣いている？　笑っている？」
　そして，C君の前に立った私は，静かな声でこう言いました。

　　「今，B君に言ったことを，もう一度言ってくれるかな？」

　自分でも驚くほど，冷静で静かな声でした。一瞬キョトンとしたC君は，悪びれもせず，先ほどの言葉を繰り返しました。
　なぜそう思ったかを尋ねると，
　「B君はみんなが練習している間も遊んでいた。だから，２の段も合格してないのかなあって…。もうみんな４の段まで進んでいるのに，このままだったら遅れちゃうなと思って…」
　きっと，C君の中には小さな小さな優越感や上から目線はあったのだと思います。しかし，それにC君自身も自覚的ではなく，思ったままに言ってしまったのだろうと思いました。そこで私は，このように話しました。
　「そうかあ。C君にはB君が遊んでいるように見えたから，心配してくれたんだね。ありがとう。でも，その気持ち，B君には届いたかな」
　C君はしばらくじっと考え込んでいました。
　「もし，C君が掃除を一生懸命やっていたとするよね。その時，友だちか

ら"お前さぼるなよ"って言われたら，どう思うかな」

　そう聞くと，どうしてちゃんとやっているのに言われなきゃならないんだと思って腹が立つ，と言いました。

「Ｃ君は一生懸命やっていたのに，周りの人はやっていないって決めつけて言ったから腹が立つんだよね」

と言うと，Ｃ君はうなずきました。そして，Ｂ君ももしかして同じ状況だったのかもしれないし，自分は嫌な言い方をしたのかもしれないと言い，Ｂ君に自分から謝りに行きました。

(1)　教師と子どものつながりを切らない

　この時もし，怒りに任せて

「Ｃ君が言ったことはいじめだ！　一生懸命やっている人をばかにしたらいけないっていつも言っているでしょう！　Ｃ君に謝りなさい！」

と怒鳴りつけていたらどうなっていたでしょうか。

　Ｃ君に悪意がなかった場合，あるいは，悪意を自覚していなかった場合は，なぜ怒鳴られたかがわからないでしょう。そして，怒鳴られたという事実だけが残り，教師に対する怒りや理不尽な思いが湧くかもしれません。悪意があった場合でも，頭ごなしに叱られたことで素直に自分をふり返ることができないかもしれません。

　そうならないためには，丁寧に事実を確認することです。丁寧に確認するとは，感情的にならずに一つ一つを確認していくということです。実際に見たものでも，もしかしたら見間違いかもしれない，思い違いかもしれない可能性を考えながら話を聞きます。

- ・時系列で聞く。
- ・具体的に聞く。
- ・意図を聞く。
- ・自分の口から語らせる。

暴力などがあった場合は，特に「どちらから先に」「どのくらいの強さで」「どこを」「何回」「どのような殴り方で」ということも確認しておきます。そうすると教師も子どもたちも客観的に状況を把握することができます。

　まずは事実を共有することに専念し，批判したり指導めいたことを言ったりすることは避けます。事実が確認される前にそうしてしまえば，「先生はどうせぼくが悪いと思っているんだ」「言い分があるのに，先生は決めつけるんだ」となりかねません。そうなると，教師から信頼されていないと感じ，子どもも教師を信頼しなくなってしまいます。

(2) 子どもと子どものつながりを切らない

　頭ごなしに叱ることは，相手の行動を100％悪とみなし決めつけてしまうことです。周りの子にはどのように映るでしょうか。

> ・C君は怒鳴りつけてもいい存在だ。
> ・C君の話は聞かなくてもよい。
> ・C君の話は聞く価値がない。
> ・C君はB君をいじめる悪い子だ。

　知らず知らずのうちに，周りの子にこう思わせてしまうかもしれません。C君の評価を下げ，子どもと子どものつながりを切ってしまうことになったかもしれません。

　また，権力のあるものがそうでないものを見下す，力でねじ伏せることを教室に「是」として見せていることも自覚しなくてはなりません。

(3) 全体の中でのつながりを切らない

　B君にもC君にも事情を聞いたことは，次のようなことを周りに伝えていることになります。

> ・どちらも大切な存在。

・何かあった時は，双方の言い分や状況を聞くことで理解を試みる。
・行為の反省を促し，人格を否定せず。

　その後，C君が劇的に成長して…ということはありませんでしたが，同じような場面に出合った時，C君に私がしたように，
　「B君にも事情があるかもしれないよ」
　「まずは，B君の言い分も聞こうよ」
という場面が見られるようになりました。またC君にかかわらずとも，決めつけない，双方の話を聞く，事情を聞く，エピソードを尋ねるということが子どもたちだけでできるようになっていました。
　こうなると，教師がリーダーシップをとらなくても，子どもたちが自分で問題を解決することができるようになっていきます。そうすると，問題ごとの善悪や良し悪しを教師が決めるのではなく，子どもたちが話し合いで見つけ出したり妥協点を見つけ出したりできるようになります。
　自分たちの問題を自己解決できたことは，大きな自信になります。大人の手を借りずにできたことは，自立したということですから。自分たちには，問題を自力解決する力がある，とクラスを誇らしく思います。

いじめ指導の極意
3　紡ぎ続けたからこそ愛着と誇りがもてる

　教師が子どもと信頼関係でつながっていれば，いじめられた子は助けを求めることができます。いじめようとする子は，教師からの信頼を失いたくないと思い，いじめずに済みます。あるいは，信頼されているという満ち足りた気持ちが，いじめへと向かわせないかもしれません。教師と子どもがつながることはそれだけで，いじめを抑止することになるのです。
　子どもと子どもがつながっていれば，「いじめよう」などという気持ちが湧かないのです。なぜならみんな，仲良しのあの子，大好きな友だちなので

すから。だから大切な友だちがいじめられていたら助けるだろうし、いじめる側だったとしたらたしなめるでしょう。子ども同士がちゃんとつながっていることは、いじめ予防にも治療にもなりうるのです。

　子ども同士がつながり続けることは、子ども同士の関係が多岐にわたり密度が濃くなっていくということです。そうなればなるほど子ども同士の距離が近くなります。遠くにいれば接触せずに済んだことも、近いがために気に障ったり許せなくなったりするものです。そうすると、けんかやいざこざが起き、それがきっかけでいじめへと発展するケースも少なくありません。

　でも、この学級は子ども同士があちこちでつながっています。友だちのバックグラウンドを知っています。弱さも強さも見せ合い、共有し合ってきました。そして何より、学級の問題を自分たちで考え解決してきました。つながり続けるということは、そういう経験をずっと一緒に紡ぎ続けているということです。だから芽生えるものは、自分の学級への愛着です。誇りです。大好きな私たちのクラスにいじめなんか必要ない！　大事な私たちのクラスにいじめは似合わない！　愛するわがクラスに、いじめを起こさせない！　その思いを全員で共有することができれば、いじめを抑止し、深刻化させずに済むのです。

　クラスへの愛着、誇りこそがクラスを支え、いじめに発展しないクラス、いじめに強いクラスにするのではないでしょうか。

（宇野　弘恵）

【参考文献】
＊松本桂樹『心理学入門』ナツメ社，2000
＊山岸俊男『社会心理学』新星出版社，2011

４ 絶対に見たい子どもの「顔」がそこにはある！

1 はじめに

　いじめに関する報道を目にするたびに，心を痛めます。全国の学校からいじめがなくなればいいと心から思います。と同時に，自分が担任をしたクラスから絶対にいじめを生まないという気持ちを強くもちます。しかし，これまでの私の学級経営，実践をふり返るとかなり「危うい」と思ってしまいます。幸いにも，これまでに深刻ないじめが発生したことはありませんが，放置すればいじめになり得る事案は，たくさんありました。
　それらを省察しながら，いじめの指導について予防と治療の両面から考えていきたいと思います。

2 「顔」

　採用されて間もない頃，先輩教師から**「朝はゴールデンタイム」**と教えられました。真っ先に教室に行き，窓を開け，新鮮な空気を入れます。電気をつけ，机や椅子がきちんとなっているかをチェックし，教室環境を整えます。しばらくすると，一番早く登校してくる子がいます。そういう子に声をかけたり，たわいのない話をしたりしながらコミュニケーションをとります。複数になると，自然に教師の周りに集まってきます。教師が何も言わなくても，子どもは自分のことや家庭のことなどを話してくれます。そんな子どもとのやりとりが楽しくて，私にとって大好きな時間になりました。次第に，表情を見ればその子の体調や気分もわかるようになってきました。
　こうした地道な取り組みが教師と子どもたちの関係をつなぎ，"いざ"と

いう時に，正直に話してくれたり，指導がしやすくなったりするのです。若い頃の私は先輩や同僚から，本当にたくさんのことを教えていただき，育ててもらいました。今でも私の教育観の大切な一つになっているものがたくさんあります。上記のエピソードで紹介した，朝の時間の使い方もそのうちの一つです。ですが，この時，突然にしてクラスによくない出来事が起こります。

> ある女の子が，同じクラスの女の子の机に，悪口の手紙を入れた

のです。
　しかも，その女の子は

> 毎朝，私に変わらぬ元気な笑顔で挨拶し，話しかけてくる子

でした。さすがに，これにはショックでした。その子（みえさん：仮称）はクラスでは中心的存在で，周りにはたくさんの友だちがいて，いつもニコニコと私に「先生，昨日のドラマ見た？」「先生，髪切ったね」と話しかけてくる子でした。「みえさんに限って，そんなことするはずがない」と疑いました。と同時に，そういった事実を見抜けなかった自分が情けなく，クラスの状態を悪くしている学級担任としての自分の力量不足を痛感しました。
　今思えば，本当に未熟者だったと思います。クラスの中心だと思っていたみえさんは，周りの友だちを「力で従えていただけ」でした。どこか自分に自信がなく，服装や流行に敏感で，イベントや行事では代表になって目立ちたいという子でした。そういった芯の部分を見抜けず，ただニコニコしている，意欲があるという表面的な部分でしか，みえさんを観ていなかったのです。
　みえさんには"二つの顔"があったのだと思います。
　これは決して特別なことではなく，ある種当然のことなのかもしれません。よく，個別懇談等で保護者の方に「〇〇さん，学校ではこうなんですよ」とお伝えすると，「いやぁ，びっくりです。家では文句ばっかり言って，お手

教師に見せる顔 表向きの顔	⇔	友だち，クラスメートに見せる顔 裏向き，陰で見せる顔

伝いの一つもしません」なんていう言葉が返ってくることがあります。人間には，個人差や場面の違いはあれど，見せる顔が変わる時があるのではないでしょうか。そして，いじめが起こるのは，ほぼ間違いなく裏向き，陰で見せる顔の時です。

陰で，バレないようにやるから"いじめ"

なのです。「悪いこと」だとわかっていて，あえて行うわけですから当然，隠れて，こっそりやります。SNS でのトラブル，いじめが多発し，なかなか未然防止ができないのは，教師が見つけにくいところで行われているからです。本稿では，いじめの予防と治療について具体的に考えていきます。

3 見えない顔を見に行く
いじめ予防編

　いじめ予防のためには何をすればよいのでしょう。おそらく，一つではありません。道徳授業，特別活動，学校行事，国語や算数といった教科の授業でさえ，あらゆるものがいじめ予防に効果があると感じます。逆に今挙げたすべてのものが，いじめを助長する授業，活動にもなり得ると考えています。どういうことかと言いますと，どんなに道徳授業を行っても，授業の中で発言が全否定されるようであれば，それはクラスにいじめの芽を生み，いじめを助長していると言わざるを得ません。特定の人物の発言がバカにされたり，笑われたりするようであれば，その道徳授業は逆効果です。学校で行われる教育活動は，単なる枠組みでしかありません。与えられた枠の中で，どのような教育を行うかが教師の腕の見せ所だと言えるでしょう。

私はいじめ予防のために大事にしていることがあります。それは，子どもの「顔」を見るということです。顔を見ると聞いて，みなさんは何を想像するでしょうか。朝，登校時の子どもたちの表情を見る。健康観察の時に子どもたちの健康状態を顔から判断する。授業中の課題を解いている時の子どもの表情から理解度を確認する…といったイメージでしょうか。子どもたちの顔を見ることで，その子の心が見えてくることがあります。
　その中でも，とりわけ，いじめ予防に効果があると感じる実践があります。たいそうな準備がいるわけでもなく，お昼休みの時間を使って，手軽にできるものです。それは…

昼休み
ぶらり　学校散歩[*1]

　お昼休みに学校中を歩きます。先ほど紹介した，「顔」の話，教師に見せる以外の顔を見つけるのです。ただそれだけです。自分のクラスの子が，どのように休み時間を過ごしているのかを把握します。校内やグラウンドを歩いて回ります。誰と誰が仲良しなのか，どこで，どんなことをしているのかを把握します。私が学校を歩く時の観察視点は次の三つです。
　①　教師に見せない顔を探す（これがベース）
　例）教室では真面目で何でもきちんとこなすＡさん。でも休み時間に友だちといる時は，少しチクチク言葉が目立つなぁ。
　②　友人関係の変化を探す
　例）いつも一緒に遊んでいたＡさん，Ｂさん，Ｃさん。最近，ＣさんはＤさんと一緒にいる。何かあったのかもしれない。
　③　一人でいる子を探す
　例）あの子は休み時間に図書室で一人，読書をしていることが多いな。読書をしたいのかな。それとも本当は友だちと一緒に遊びたいのかな。自分から声をかけられないのかもしれない。
　この三つの視点で観察していくと，子どもたちが子ども集団の中でどのよ

うな言動をとっているのかが，よく見えてきます。所謂，「素の部分」です。これを知っているか，いないかでは大きな違いがあります。いじめや，それにつながるような事象は，子ども（Child：以下C）が，同年齢の子ども（C）に対して起こすものです。つまり，「C－C」です。子ども（C）が教師（Teacher：以下T）に対して起こす「T－C」構造のものではありません。ですので，普段から「C－C」がどのような関係になっているのかを把握しておく必要があるのです。

　ここで気を付けたいのは，あくまでも"散歩"だということです。「若い頃は，子どもたちと一緒に遊びなさい」というようなことを先輩教師から教えてもらいます。この言葉は，間違っていません。まだ経験が浅く，様々な面で成長途中の若い教師は，一緒に遊ぶことによって子どもたちとの関係をつくっていく。そういう目的があるのだと思います。しかし，そこには注意すべき点もあります。

過度に教師が入りすぎると，子どもが別の顔を見せなくなる

ということです。例えば，大人数でサッカーをしている男子に交じって，教師も一緒に遊んだとします。ある子が「今のはオフサイドだろ！」と怒り口調で，友だちに訴えます。それを教師が「今のはオフサイドではありません」と一刀両断。また，「なんでオレにパスよこさねーんだよっ！」と威圧的に言う子に対して，「言葉遣いがなっていません。正しい言葉を使いなさい」と注意します。

　どうでしょう？　教師が行っている行為としては間違っていません。トラブルが大きく，教師が仲裁をして治めることも当然あると思います。ですが，毎回このようなことを続けていたら，この男の子と担任は一緒に遊ぶことによって信頼関係ができるでしょうか？　友だちに見せる顔をこれからも教師の前で見せ続けるでしょうか？

　ですから私は散歩くらいがちょうどいいと思っています。

> - ニコニコと笑顔で，本当の散歩のように歩きながら
> - 近すぎず，遠すぎず一定の距離感で
> - 「やぁ楽しそうだね！」「何して遊んでいるの？」と自然に

歩いて回るのが理想です。裏の顔を探そうと意気込むと表情は真剣になります。子どもたちにとっては威圧的に感じられることもあります。私たちは探偵でもスパイでもありません。いつもと変わらぬ表情で散歩するのがコツです。また，上学年にもなると教師が近寄っただけで身構えたり，警戒したりする場合があります。適度な距離を保ちつつも，自然な感じで話しかけられるようにします。

　歩いて回ると，子どもたちの好きな遊びや友だちとのかかわり方が見えてきます。「○○さんは，友だちへの言葉遣いが威圧的だな」とか「△△さんは，友だちの輪の中にうまく入れていないな」といったことが見えてきます。

　学級担任にとってお昼休みは大変貴重です。朝から連絡帳のチェックや宿題，自主学習ノートの点検などに追われます。中には給食を流し込むように食べて，提出物のチェックをする先生もいらっしゃるほどです。加えて，高学年になれば委員会の当番活動，学校行事等の練習や打ち合わせなど，様々なことが入り込んできて，休む間もないほどです。ですから，毎日実践するというわけではありません。週に1回でも，月に1回でも実践することができたら，子どもたちの見えない顔が見られ，人間関係の変化を見取ることができるのです。

いじめ治療編
4 協同性を利用する

　冒頭で紹介した，悪口の書かれた手紙のエピソード。当時，子どもたちは6年生。卒業を控えた大事な時期でした。情けない話ですが，大きな解決を見ないままに，子どもたちを，クラスを卒業させてしまいました。今でも申

し訳ない気持ちでいっぱいです。

　それでも解決のために努力はしたつもりです。学年主任や生活指導主任，管理職にも相談し，アドバイスをもらいました。よいと思うことは，何でも実践しました。当該児童とも何度も面談をしました。被害を受けている子どものお母さんは，「熱心にご指導くださり，ありがとうございます」と言ってくださいました。ですが，悪口の書かれた手紙は，その後，別の子どもの机にも入れられ，あるいは手紙とは別の形となって表れ続けました。

　当時の私には決定的に欠けている点があったと思います。

> この問題を当事者だけの問題だと思っていた

ということです。「この問題は，手紙を書いているみえさんと被害者，それを知っている３人の問題だ」と思っていたのです。「これをクラス全体に知られることは，被害を受けている子にとってダメージになり得る。そんなことがあってはいけない。この問題がクラスに広がれば，クラスの雰囲気は暗く沈んでしまう」と考えたのです。

　ここが大きな間違いでした。この問題は，クラスで起こっていることだと捉えれば，当事者の問題ではなく，クラス全体の問題だったのです。私にはこの視点が決定的に抜けていました。

　今の私ならば，問題が起きた時は**可能な限り**クラス全体で共有します。「可能な限り」と表現したのには理由があります。それは，被害者が全体で共有することを了承し，加害者・被害者の人権が守られることが必要だということです。ですから，クラスで共有するのは「事実」のみで，そこに関与した個人の名前は出しません。名前を出すことによって，今度は加害者がいじめ被害の対象になってはいけないからです。「Ａさん」のように仮名で紹介をすることにします。

　それから数年後，担任したクラス（当時６年生）で同様の事例が発生しま

した。いつも仲良しだった女子3人組の一人が，もう一人に対して悪口を手紙に書いたことが発覚したのです。手紙には，次のように書かれていました。

> お前のぶりっ子ウザい。女子の9割がお前のこと嫌ってるよ。
> キモい，死ね。

　こういった手紙が見つかる事例として，まず難しいのは，「書いた本人が，事実を認めるかどうか」ということです。今回は，幸いにも本人のポケットから紙が落ちたところを第三者が見つけるという形で問題が発覚したため，本人は素直に，手紙を書いたことを認めてくれました。さらに私は，先に紹介した昼休みの散歩も含めて，普段の見取りから「あの3人は一見，仲がよさそうに見えるが，その関係は従属的で危うい」と考えていました。

　私はまず，徹底的に事実確認をしました。加害者，被害者，それを見ていた者も含めて，一人ずつ丁寧に聞き取りを行いました。当然，記憶があいまいな部分もありますから，言っていることがそれぞれで食い違うところが出てきます。そのたびに，再度子どもを呼び，事実関係をズレなく押さえました。その上で，加害者，被害者ともに「クラス全体で取り上げる」ことの了承を得て，「名前は出さない」ことを約束しました。また，学年主任や生活指導主任への相談，管理職への報告も行いました。保護者へは，電話や連絡帳を通じての連絡ではなく，直接家庭訪問をして説明をしました。そして保護者からもクラス全体で取り上げることの了承を得ました。

　ここからは，実際の授業の流れです。

> これからお話しすることは，このクラスで起きたことです。誰かを責めたり，傷つけたりするためのお話ではありませんので，名前は出しません。誰にだって，失敗や間違いはあります。そこから何を学ぶかが大事です。クラスメートとして，みんなに何ができるのかを考えてほしいのです。

　こう前置きした後，起きた事実を一つずつ丁寧に取り上げ，黒板に書き込んでいきます（写真1）。

・AさんとYさんとMさんはいつも仲良し。
・ある日，Aさんの机の中に，悪口の書かれた手紙が入っていた。
・「ウザい」「ぶりっ子」「死ね」などと書かれている。
・手紙を書いたのは仲良しのはずのYさん。

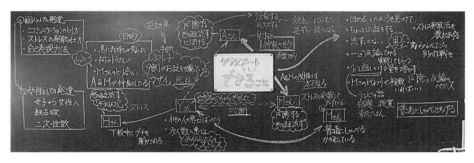

写真1

　黒板のような人物関係図を書きながら説明をしていると，手紙を出したのが友だちのYさんだったというところで，「えっ？」という反応が子どもたちから出ました。そこで，

　　手紙を読んだ時のAさんの気持ちを考えてください。

　Aさんが手紙をもらった時のショック，心の傷を共感的に想像してもらい，発言させます。
　「突然，自分の悪口が書かれていたのを読んで，悲しかったと思います」
　「なぜ，こんなことをされなければいけないのか，理解できなかったと思います」
　「誰が書いた手紙かわからないので，誰に相談するか，迷ったと思います。誰にも相談できずに苦しかったと思います」
　ここでAさんの悲しみを全体共有することで，「悪口を書いた手紙を机に差し込む」という行為が許されざるものであることを押さえます。そして質問を続けます。

第2章　いじめに強いクラスづくり　予防と治療マニュアル　77

ところで手紙には「死ね」と書かれていました。Ｙさんは本当にＡさんに死んでほしいと思っていたでしょうか？

「今までためていた気持ちが爆発しただけで，本当は死んでほしいとは思っていないと思う」
「Ｙさんにも何か嫌な出来事や悲しいことがあったのかもしれない」
「いつも仲良しだったＡさんとＭさんに，仲間外れにされたのではないか？」
などの意見が出されました。本来，いじめ指導をする場合は徹底して被害者を守らなくてはなりません。ですが今回のケースでは，事前の事実確認で，「３人の友だち関係のトラブル」，「些細なきっかけで，手紙を出したＹさんと，友だちのＡさん，Ｍさんとの関係が少しぎくしゃくしていた」，「Ａさん，Ｍさんともに，自分たちにも非があったことを認めた」ことから，一方的にＹさんだけが悪いという流れにならないよう，配慮しました。

クラスメートとして，自分たちができることを考えましょう。

ここからは，20分程度の長い時間を設定し，子どもたち自身に考えさせました。４人程度のグループをつくって，小円をつくり，ホワイトボードに書き込んでいきました。子どもたちから出てきた解決策は次のようなものです。

・みんなで声をかけ合う。普段からコミュニケーションをたくさんとる。
・テレビやゲーム，ファッションの話など，何気ないことでもどんどん話して，みんながつながる。
・仲良しとばかり遊ばない。いろいろな人と一緒に遊ぶ。
・悩みや心配事を話しやすい雰囲気をつくる。
・親しき仲にも礼儀あり。よくないこと，ダメなことには，はっきり「ＮＯ」と言う。
・ストレスがたまった時の解消法をたくさん知っておく。

どれも抽象的と言えばそれまでですが，子どもたちなりによく考えた解決策です。私が予想もしなかったようなアイデアがたくさん出てきました。何より，子どもたちからは，「自分たちで何とかしていこう」という気持ちが感じられました。その後，この3人の間には，ちょっとしたトラブルもありましたが，悪口の書いた手紙を出すようなことはなく，時間が経つにつれて改善されていきました。

　教師が，「今後，このようなことが起こらないよう，十分注意しなさい」と結論付けて授業を終えるのも一つですが，さらに一歩踏み込んで「自分たちのクラスを自分たちでよくしていく」という集団に成長させたいのです。いじめやいじめに発展しそうな問題を自分たちで乗り越えることができたという実感こそが，いじめに強い集団をつくっていくのだと考えます。

　この協同性を利用した取り組みは，いじめ指導のみならず様々な活動で応用することができると思います。私たち教師は，子どもたちの個別指導よりも圧倒的に集団を相手にして指導を行っています。そして集団で起こる問題のそのほとんどは，人間関係に起因します。人間関係を改善するためには，

> **クラスに仲間を必要とせざるを得ない環境を意図的につくる**

ということが大切です。相手が自分にとって必要のない存在だと感じてしまえば，人間関係は悪化していきます。逆に，「あの子がいないとダメなんだ」と思わせることができたならば，自然とかかわりが発生し，協力関係が築かれるのではないでしょうか。

　学級の係活動を一人一役で行っているクラスがあります。これも全員に役割を与えることで，誰かが欠けてもいけない，「クラスには，あなたが必要だ」という意図が込められた活動です。学校行事で役割分担をし，一人一人に責任を負わせることもそうですし，授業中に集団で取り組まないと解決できないような課題を与えることも，人間関係に必要感を付与する手法であると言えます。

いじめ指導の極意 5
日常的に目を向け，つながりを見る

「極意」というほど，決まった何かがあるわけでもなく，挙げればきりがないというのが本音ですが，今回ご紹介したエピソードから言えることは，下記の二つです。

> 予防の極意：見えない顔を見に行く
> 治療の極意：協同性の利用

(1) 予防の極意：見えない顔を見に行く

「いじめ」という行為が，教室での様子とはつながらなくても，休み時間の様子とは"線"でつながることがあるかもしれません。どういうことかと言いますと，「クラスのA君が，B君の靴を隠した。けれどA君は教室では優等生。教師に対する態度も言葉遣いも問題なし。ただし友だちに対する接し方は威圧的で，言葉遣いが悪いなぁ」といった感じです。

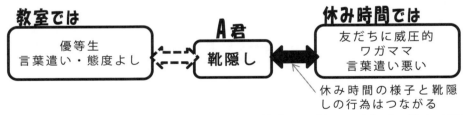

担任と一緒に過ごすことの多い授業中や教室での様子ではなく，休み時間中の様子を見たいのは，そのためです。保護者との個別懇談で，子どもたちの家庭での様子をお聞きすることと似ているかもしれません。「○○さんが最近，学校であくびをして眠そうにしているのは，家でゲームに熱中しているからなのか」といった具合に，家庭での様子と学校での様子が"線"でつながることってありませんか？ そういった意味で，休み時間というのは，教師の前では見せない子どもの別の顔が見られる，よい時間だと捉えています。

森田洋司氏によれば，いじめ被害者と加害者の付き合い方は「よく遊んだり話したりする」という関係が多く，教師の表面的な見取りだけでは，いじめ構造が見つけにくいということがわかります[*2]。一見，仲がよさそうに見えた子どもたちの背景で，いじめが起きているという可能性が十分に考えられます。

被害者と加害者の付き合い方

付き合い方	性別		学校別	
	男性	女性	小学校	中学校
よく遊んだり話したりする	44.1%	51.8%	51.3%	45.5%
時々話したりする	36.7%	29.1%	33.4%	32.6%
ほとんど話をしない	15.5%	17.0%	13.7%	16.3%
ほとんど知らない	3.7%	2.1%	4.0%	2.9%

森田洋司『いじめの国際比較研究』金子書房，2001

　いじめは子ども社会の中で起きます。教師の前では決して起こりません。

(2) 治療の極意：協同性の利用

　いじめや，それに発展しそうな事象が起きた時には，何と言っても事実確認です。ここであいまいさや加害者・被害者どちらかが納得していないなどということを残してはいけません。個別に話を聴きながら，細かにメモを取ります。お互いの話にズレが生じれば，再度呼んできて確認します。学年主任や生活指導主任，管理職への報告も怠ってはいけません。そして保護者への連絡。協同性の利用とは，それらのことがすべてクリアできてからの話です。

　ここ数年，小集団交流を中心とした学び合う学習や協同的な学習がだいぶ広まってきたように思います。Johnson, D. W & Johnson, R. T によって開発された協同学習には五つの基本的要素が不可欠であるとされ，その中に「促進的相互依存関係」と「個人の責任」があります[*3]。「促進的相互依存

関係」とは，自分の働きが仲間のためになっているということ。さらには仲間の働きが自分のためになっていることを理解しているということです。「個人の責任」とは，学習を他人に任せて済むような場面づくりをしてはいけないということです。これは決して学習にだけ言えることではありません。いじめ問題でも，クラスの力を信じ，クラスの力で治療できることが少なくないと感じます。

　人は，自分に役割があれば貢献しようと努力するものです。逆に役割を与えられなければ何もしないことがほとんどです。そして自分には力がないと思えば，意欲を失います。協同性を利用することが，いじめ治療には大切ではないでしょうか。

6 予防か治療か

　予防と治療，どちらが大切かと問われれば，多くの人の答えは「予防」であるはずです。私もそう思います。未然防止ができれば治療の必要はありませんし，治療ばかりではいつまでたっても問題が解決しないからです。です

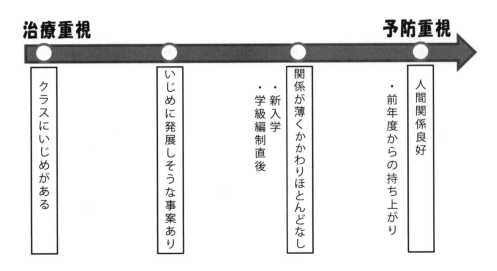

治療重視　→　予防重視

- クラスにいじめがある
- いじめに発展しそうな事案あり
- 関係が薄くかかわりほとんどなし
  - 新入学
  - 学級編制直後
- 人間関係良好
  - 前年度からの持ち上がり

が，どちらに重きを置いて指導を行うかについては別の話です。なぜならば，学級状態は千差万別だからです。

　すでにいじめが発生しているクラスでは，何はなくとも治療を急がねばなりません。逆に良好な関係ができているクラスではじっくりと予防に時間をかけることが可能でしょう。また，予防と治療が「100：0」という割合になることはなく，どんなに荒れたクラスであっても，予防についての指導が必要です。予防と治療を同時進行的に行っていくということが現実的だと考えます。クラスの状態に応じて，そのバランスを考えていけばよいと思います。担任である教師には，クラスの子ども一人一人を見る力と同時にクラス全体を見る力が必要です。さらに，そのクラスの現状をより詳しく具体的に分析し，どのような手立てを打つのかという状況判断も必要です。さらに，いじめの問題は子どもたちのみならず保護者も関係して，丁寧でスピード感ある対応，慎重な検討が求められます。絶対に一人で問題を抱えず，学年主任，生徒指導主任，管理職に相談した方がよいでしょう。

（畠山　明大）

【参考・引用文献】
＊1　畠山明大『小五　教育技術　5月号「5月の学級経営」』小学館，2014
＊2　森田洋司『いじめの国際比較研究』金子書房，2001
＊3　杉江修治『協同学習入門』ナカニシヤ出版，2011

5 個を信じ，集団を疑う

1 あの手この手で臨む　いじめ予防編

(1) いじめ予防に特効薬なし

「教師にとって最も大切な仕事は何ですか」

　こう訊かれたら，あなたは何と答えますか。学力を上げること？　生きる力を育むこと？　もちろん，それらも大切なことですよね。でも，それより大切なことがあります。それは，「子どもの命を守ること」です。どうですか，これ以上大切なことはありますか。「子どもの体と心の安全を確保すること」は教師として常に意識しておかなければいけないことだと考えているのですが，いかがでしょうか。

　いじめられた子どもの心は傷つき，時には死に結びつくことさえある…そう考えれば，「いじめ予防」は全教育活動の中でも特にウエイトを置いて取り組まれなければいけないものだと思います。

　さて，この「いじめ予防」，こうすれば必ず予防できるという方法はありません。「あの手この手で臨む」しかないのです。「これがいじめ予防になる」と意識して取り組むこともあれば，後からふり返って，「あれがあの子の心を揺さぶったのだな」と気付くこともあります。

　これは経験から感じることなのですが，落ちついた（子どもも教師も）居心地のいい学級の方がいじめは少ないように思います。そうしたくても，なかなかそうならないことがあることは，これも経験からわかっています。

　「病気予防」を例にして考えてみます。「いじめ」を病気，「いじめが起きにくい落ちついた居心地のいい学級」を「病気になりにくい健康な体」とし

ます。これは効くだろうと考えられている予防接種を打つことも一つの手としてあると思うのですが，その人に合った方法で，生活習慣を整えたり，免疫力を高めたりすることが，最大の病気予防になることは間違いないでしょう。「病気予防」に特効薬がないように，「いじめ予防」にも特効薬はありません。どちらも，その状況に合わせて「あの手この手」を打つしかないのです。

　この「あの手この手」も，教師のタイプ，子どもの性格，学級の状況などによって，打つ手が変わってきます。

　歳ばかりがいっていて教師としてのキャリアはまだ浅い私の拙い実践ですが，あなたの「あの手この手」のうちの一つの「手」として参考にしていただければ幸いです。

(2) いじめについて教える

　子どもたちは何がいじめにあたるのか知らなかったり，自分がしていることがいじめであることに気付いていなかったりすることがあります。どういうことがいじめにあたるのか，また，自分はふざけているだけでも，されている本人が精神的な苦痛を感じているのなら，それはいじめであることを教えていかなければいけません。

　私は，社会で起きたいじめ事件や，他の学級で起こったいじめの事象を話す時，いじめた子どものその先を少し脚色して話します（これは赤坂真二氏から学んだことです）。

　「いじめた子は想像力が足りないと思いませんか。もし，いじめられた子が自殺したら，マスコミはいじめた子の家まで行きますよ。そして，その家族の職場まで行きますよね。いじめた子の人生ももうおしまいです。それだけでなく，その家族も今までのような生活はできなくなります。最初は軽い気持ちでいじめていたのかもしれませんが，最終的にはいじめられた子もいじめた子も最悪の結果になるのです。（目の前の特定の子に語りかけるように）それぐらいの覚悟をもって，あなたはいじめているのですか…と私は訊

きたいです」

> 他で起きたいじめの問題を「他山の石」として，わがことのように捉えさせ，子どもたちの心にいじめ予防の楔を打ち込んでいくのです。

(3) 子どもとつながる

　いじめを見抜く眼はとても大切です。子どもの表情，言動，持ち物，あらゆるものからいじめの予兆を感じ取らなければいけません。ただ私は，もしかしたらこの部分が弱いかもしれないと不安になるのです。もし見逃してしまったら…。

　そこで，子どもが私に話しやすい雰囲気とつながるツールをつくります。何かあった時，子どもの方から私に言えるような仕組みをつくっておくのです。

　休み時間や放課後などに，2人きりで話せる機会をできるだけ多くの子どもともつようにしています。その時は，友だち同士のように話すのです。
「〇〇ちゃんがつらい気持ちになるのが私は一番嫌だから，どんなことでも言ってね」
「私はあなたのことを一番気にしている」ということを伝える努力をします。

　「振り返り」（その日のテーマで書く日記のようなもの）も活用しています。「振り返り」は他の人が見てはいけない決まりになっていて，私が管理しています。また，学級通信に掲載されることが嫌な時は「×」を書くことにしています。

　それでも書いたものが残るので，深刻なことを書きたがらない子もいますが，中には悩みごとを書く子もいます。そこでいじめが発覚したケースもありました。

　子どもが教師に話しやすくするためには，

「この先生なら話しても大丈夫だ」と子どもから信頼されること

が必要です。その信頼を得るために，「言ったことは実行する」，「授業開始と終了の時刻は守る」，「教師も間違えたことをした時は謝る」など，「率先垂範」の姿勢を子どもたちに示すことはとても大切だと思います。

(4) いじめ予防，子どもの視点から

　勤務校では学期に1回「Q-U（楽しい学校生活を送るためのアンケート）」を実施しています。また，いじめに関するアンケートも年に1回行っています。これらも「あの手この手」の一つ。同僚や管理職とともに，いじめの芽がないか慎重に検討します。

　今回，この原稿の執筆依頼を受けて，クラスの子どもたち（6年生）にズバリ訊いてみました。

　「今，いじめがあったら教えてほしい。ないと感じているのなら，なぜないのかを考えてほしい」

　いじめが疑われることを書いた子は一人。スマートフォンのLINEにアップされた友だちのやりとりが気になるとのことでした。早速そのことを書いた子どもに詳しく聞きました。いじめの被害者かもしれない子どもにも聞きました。結局それはいじめではありませんでした。

　LINEやFacebook，TwitterなどのSNSやメールなどによる「ネット上のいじめ」が大きな問題となっています。この予防についての私の考えは後述します。

　「なぜいじめがないのか」，あくまでも子どもの視点ですが，これらも「あの手この手」の一つとして参考にしていただければと思います。

① 自問清掃[*1]をしている

　多くの子どもがいじめのない理由を「自問清掃をしているから」と書いていました。

　「自問清掃」はご存じでしょうか。子どもたちには次のように説明してい

ます。「脳（前頭葉）にある三つの玉を磨く掃除です。おしゃべりしたくなるのをがまんして掃除する"がまん玉"。周りの人たちに気働きする"しんせつ玉"。いつも掃除しているところ以外にきれいにしたい場所を掃除する"みつけ玉"。これら三つの玉を磨くことによって，心が磨かれます」

教師も一緒に掃除をします。そして，子どもを注意しません，叱りません，ほめません。子どもたちは，注意されるから，叱られるから，ほめられるから掃除をするのではないのです。

子どもたちは熱心にこの自問清掃に取り組んでいます。クラス会議で，「自問清掃を学校中に広めたい」という提案があり，全校朝会で自問清掃の有効性について発表しました（クラス会議については後述します）。発表する内容を自分たちで考えたのですが，その発表でも

> 「自問清掃をすると，いじめがなくなります」

と言っていたのが印象的でした。私は今まで一度もそのようなことを言ったことがないので，子どもたちの実感からくる言葉です。

それから，他学年に分かれて自問清掃をしに行くようになりました。ある時期は，他学年がうちの学級に来て一緒に自問清掃をする時もありました。

自問清掃には，相手のためになることを想像し，言葉のやりとりをせずにそのことをする「しんせつ玉磨き」というのがあります。例えば，ほうきでごみを集めている友だちがいたらちりとりを持っていく，重い物を運んでいる友だちにサッと近づき一緒に運ぶ…などです。この「相手の気持ちを思いやる習慣」はいじめ予防につながると子どもたちも考えているようです。

自問清掃を通して自分を見つめ，友だちのよい行いを発見し，それらを「振り返り」に記していきます。そして，私がそのことを学級通信などで全体にシェアしていくのです。心を磨き合う心地よい時間が流れます。

私は学級づくりの中でも，掃除を大切に考えています。自問清掃でなくてもかまわないのです。掃除には「場を清める」ことと「心を磨く」ことの二つの効果があります。

「場を清める」ことは居心地のいい学級づくりの必要条件だと思います。「ブロークンウィンドウズ理論（建物の窓が壊れているのを放置すると，誰も注意を払っていないという象徴になり，やがて他の窓もまもなくすべて壊されるとの考え方）」を出すまでもなく，教室環境と心の荒れが関係していることは容易に想像していただけると思います。

　では，「心を磨く」とは何でしょう。善悪を判断し，善と思われる方向に向かうことができる心の体力づくりが「心を磨く」ことではないでしょうか。そう考えると，「心を磨く」ということも，いじめ予防につながっているように思うのですが，いかがでしょうか。

　誰も見ていないところでも，掃除ができる，ごみを拾える，トイレのスリッパを揃えられる…私はそんな子どもになってほしいと願っています。そういうことができる子どもが友だちをいじめようとは思わないだろう…甘い考えかもしれませんが，私はそう考えています。

② 反応する

　これも私が学級づくり，授業づくりをする上でとても大切にしていることです。授業中，発言した人に対して，「なるほどなぁ」「そっかぁ」「わかる，わかる」と反応する。給食の時間，「おかわりほしい人？」との声かけに「ほしい！」「今日はいいわ」「ありがとう」と反応する。プリントなどを配ってもらった時，「ありがとう」と反応する。挨拶も反応の一つ。それらを大切に考え，私の思いを子どもたちに伝えています。

　ある子どもがこのようなことを書いていました。

> 「反応がない，つまり無視することもいじめだと思います」

　「学級の仲間から認められている」「自分の居場所がある」という思いも，いじめ予防という点から考えてもとても大切なことだと思います。

③ 話し合う場がある

　私のクラスでは，毎週1回クラス会議をしています。クラス会議は「自分たちの問題は自分たちで解決する」「行事等を決めるだけでなく，個人的に

悩んでいる友だちにアドバイスをする」場です（クラス会議については参考文献を挙げておきました。詳しくはそちらをご覧ください[*2*3]）。

　また，毎朝，机を後ろに下げ，全員が輪になって床に座った状態で朝の会をします。日直当番は私の学級にはなく，時間管理が主な仕事のリーダーが司会進行をします。

> クラス会議も朝の会も，「自分が困っていること」を言っていい場

だと子どもたちは認識しています。

　もちろん，この場ですべてのことが言えるわけではありませんし，特にいじめに関する相談などはできないとは思うのですが，「自分の思いが出せる場がある」ということで，学級にいじめがない理由の一つに「話し合い」を挙げている子どもが多数いました。

　こんなことがありました。私が出張に行っている日に，起こった出来事です。出張先に保護者から「子どもが帰って来ない」という電話がありました。私は慌てて学校に電話をして確認しました。どうやら自習時間中に学級内で問題が起きて，一人の子が教室を飛び出してしまったようなのです。その子を追いかけて行った学級の仲間たち全員が，その子の思いを聞き取ろうと，その場でクラス会議を始めたとのこと。

　下校時刻を過ぎてそういうことをしているのには感心できませんが，自分たちで解決しようとする姿には感動するとともに頼もしさを感じました。

(5) ネット上のいじめ予防

　前述の通り，今，ネット上のいじめが大きな問題となっています。このネット上のいじめは従来のいじめ以上に発覚が難しいものです。私自身，ネット上のいじめに対する予防対策ができているかというと，まだまだだと思います。ですので，「あの手この手」です。

　まず，子どもとのつながりの中で，探りを入れます。誰がスマートフォンや携帯電話を持っていて，誰がつながっているのか。ゲーム機の通信機能で

も会話ができますので，その様子も何となく聞き出します。今，私の学級では6割近い子がスマートフォンや携帯電話を持っています。中学校に行くとおそらく8割以上の子が持つことになるでしょう。

　ネット上のいじめ予防を含んだスマートフォンや携帯電話の使い方については，家庭の協力が必要です。そこで，これらの使い方について，参観日に授業をすることにしました。教材は，NPO法人企業教育研究会が出されている「考えよう，ケータイ」を使いました。DVD教材は無料で申し込むことができます。詳しくは「考えよう，ケータイ」のホームページ（http://ace-npo.org/info/kangaeyou/）をご覧ください。

　画面の文字は誤解しやすいものです。小学生が自分の思いをうまく表現できているとは思えません。

> ・対人関係の基本は対面であること
> ・ネット上の書き込みで自分の思いを伝えるには限界があること
> ・ネット上のいじめは簡単に広がり，不特定多数の人が目にする危険性があるという点でも卑劣であること

　これらを繰り返し語ります。自分の書き込みがいじめにつながっていると意識していない子もいるでしょう。通常のいじめ同様，ネット上のいじめについても教えていかなければいけないことは言うまでもありません。

(6) 劇薬

　これは，いじめ予防の「特効薬」どころか「劇薬」になる可能性もありますので，参考程度にお読みください。

　Aさん（小5女子）は自尊感情が低く，自分の思いをうまく人に伝えられない子です。こういう表現はよくないのですが，「いじめの標的」になりうる子です。事実，前年度そのような問題が何度か起きていました。

　Bさんは気が強い女子で，Aさんのことを苦手に感じているようです。そのことがBさんの言動から伝わってきました。

この２人を私が担任することになったのです。どうしたものかと悩みました。そこで，思い切った布石を打つことにしたのです。
　４月のはじめにＢさんを呼んで話をしました。
　「こんなことＢさんにしか話せないんやけど，Ａさんは自分の思いを人に伝えるのが苦手なようやね。いじめられるんじゃないかとすごく心配やねん。去年，隣のクラスでＢさんのことを見ていて，あなたのリーダーシップと正義感に感動していてんよ。そこで，Ｂさんにお願いやねんけど，もしＡさんがいじめられていそうだったら，私に教えてくれないかな。こんなこと，ほんとＢさんにしかお願いできないわ」
　私はＢさんの正義感を信じました。そして，私とＢさんとの関係を常に良好に保つように最大限の努力をしました。つまり，私のことを「尊敬する大好きな先生」と思ってもらえるよう努力をしたのです。もちろん，これはＢさんにだけではありませんが。
　見事，Ｂさんは１年間Ａさんを守ってくれたのです。Ａさんが気持ちをうまく伝えられない時はＢさんが代弁する時もありました。Ａさんの失敗にもあたたかく声かけしてくれていました。Ａさんの笑顔が増えました。そのことを何度もＢさんに伝え，「あなたのおかげやわ。ありがとう」と言い続けました。
　すべてのケースにこのことが有効だとは思いません。ただ，「子どもを信じる」ということは，いじめ予防，あるいはいじめ治療でとても大切なことだと思うのです。そのことは，次節の「治療編」で詳述します。

いじめ治療編
2 信じる

(1) 私がした「いじめ」
　私は小学生の時，友だちをいじめたことがあります。いじめることを「いじめ」という名詞で表現されていなかった時代。でも，私がしたことは明ら

かに「いじめ」でした。

　それは卑劣で恥ずかしい行為で，今まで誰にも話したことがありませんでした。初めて告白する場が，このような場でいいのだろうかと悩むのですが，私の「いじめ指導」の根底に，私がした「いじめ」がありますので，恥を忍んで打ち明けます。

　それは，６年生の時でした。担任はＫ先生という少し怖い（と最初は感じていた）先生でした。学級に気の弱いＣ君という男子がいました。友だちは彼のことをよくからかっていました。

　ある日の給食の時間に，私もＣ君のことをからかってやろうと思ったのです。Ｃ君の目の前で，私は消しゴムのかすを牛乳に入れました。その時のＣ君の反応などは全く覚えていません。Ｋ先生には見つからず，私が叱られることはありませんでした。

　それから数日後の掃除の時間。Ｃ君の机を運ぶのを，私は「気持ちが悪い」と言って嫌がったのです。これはＫ先生に見つかりました。でも，叱られませんでした。叱られる代わりに，Ｋ先生は

　「永地がそんなことを言うのか」

と，おっしゃったのです。体の大きなＫ先生が，愕然として目を潤ませて，ただそれだけをおっしゃいました。

　約36年経った今も，その情景は昨日のことのように覚えています。うなだれて教卓に手を置いて，たった一言そうおっしゃったＫ先生の姿…。

　「ああ，私は大変なことをしてしまった。先生は私のことを信じてくださっていたのに，私はその先生を裏切ることをした」

　罪の意識は未だに消えていません。だから，私の「いじめ指導」の根底には，この経験があります。いえ，「いじめ指導」だけでなく，教師としての在り方を，Ｋ先生から教えていただいたような気がしています（余談ですが，私が教員養成系の大学に行き，40歳になってから教師になったのも，Ｋ先生との思い出がずっと残っていたからです）。

(2) **無条件に信じる**

　学級にD君（小5）というやんちゃな男子がいました。彼は，家庭環境が複雑で，いつも落ちつかない様子でした。前年度に転入してきたのですが，前の学校でも手がつけられないところがあったそうです。

　担任して間もないある日，D君のお母さんから相談を受けました。D君の家庭内暴力に困っているというのです。特にお兄ちゃんに対しての「いじめ」ともとれる暴力がひどく，お兄ちゃんは自傷行為で自分の髪の毛を抜いていたほどです。

　私は，D君と話しました。

　「あなたがどんなことを話しても，私は絶対にあなたのことを嫌いにならない。D君の考えていることを話して」

　D君の心がすぐに開かれることはありませんでした。私は何度も何度もD君と2人きりで話をしました。そして，私がどれだけD君のことが好きであるか，そして信じているかを語りました。

　でも，私は「暴力をふるったら，こうする。暴力をふるわなかったら，こうしてあげる」という交換条件は出しませんでした。

　彼は教育相談にも通っていました。少しずつ落ちつきを見せ始めた頃，教育相談でカウンセラーの方に言ったD君の言葉が忘れられません。

　「お兄ちゃんを殴ろうとしたら，志乃先生の悲しい顔が出てくる。そしたら殴れなくなった」

　ああ，私はD君にとってのK先生になれたのだと思いました。

　それからもいろいろなことはありましたが，D君は学級の中で活躍し，友だちをいじめることは決してありませんでした。

(3) **信じなかった経験から**

　学級内のいじめで忘れられないことが一つあります。それは「振り返り」で発覚しました。

　「Eさんが他の子から仲間外れにされている」

その「振り返り」を書いた子どもに詳しく聞きました。当然，Ｅさんからもどういう状況なのか聞きました。どうやら鬼ごっこをしている時に，いつも鬼にされるということなのです。
　この年は，非常につらい１年間でした。私の力不足のために問題がよく起きていました。授業妨害，器物破損，私や友だちへの暴言…詳しくは書けませんが，学級が崩壊しなかったのが奇跡だと思えるくらい大変な１年でした。でも，一番つらかったのは，学級の子どもたちだったと思います。
　私はいじめを受けていると思われるＥさん（小５女子）とうまく関係が結べていませんでした。そして何より，そのＥさんをいじめているとされている男子数人と全く関係が築けていませんでした。
　好き勝手している男子たちのことを「信じる」ことができなかったのです。つまり私は，彼らが人の嫌がることをするのは当然で，必然的に起こったいじめであると考えていました。毎日起きる問題の対応に追われていて，きめ細やかな指導ができない，そんな状況でした。
　そんな時に忘れられない事件が起きました。
　例のごとく，休み時間に校舎内で鬼ごっこをしていたＥさんと数人の男子たち。教室にいた私のところへ，ある子が走ってきました。
　「先生，大変！　Ｅさんが泣きすぎて倒れて保健室に運ばれた！」
　急いで，保健室に向かいました。Ｅさんは泣きじゃくり，私の方を向こうともしませんでした。どうやら，今までのつらい気持ちが重なって号泣してしまい，過呼吸になったようなのです。
　Ｅさんがこんな状態になるまで，私はＥさんのことを放っておいたのです。
　私は腹を括りました。普段は私の話なんて全く聞こうとしない男子数人が待つ教室に向かいました。全員が座っている前で，こう言いました。
　「Ｅさんにしていることはいじめですか？　いじめではありませんか？」
　男子数人を含む全員が「いじめである」方に挙手しました。
　「もし，あなたの兄弟やおうちの人が，Ｅさんと同じようないじめを受けていたら，あなたはどう思いますか？　いじめはその人だけでなく，家族ま

でを悲しませる最低の行為です。あなたたちは，Eさんをいじめて，Eさんがどうなればいいと思っているの？　Eさんがこのまま帰ってこなければいいと思ってるの？　もしかしたら，本当にそうなるかもしれません」
　神妙な顔をして聞いていた一人の男子が急に立ち上がりました。Eさんを一番いじめていた子どもでした。その時の彼の眼が忘れられません。涙をいっぱいためて，真っ直ぐな眼をしていたのです。この時，私は気付かされました。この子にも「善」の心がある。なのに，私は彼を信じることができなかったのだ…。彼は人をいじめて当然の子だと思っていたのです。
　彼を先頭に学級の全員が保健室に走って行きました。「ごめんね，ごめんね」と泣いて謝る学級の仲間を，初めは驚いた顔をして見ていたEさんでしたが，やがて安心した顔になり，「いいよ」と小さい声で言ったのです。
　私はEさんとつながれる方法を必死に探しました。学級文庫には私が持って来た絵本がたくさん入っています。それらの絵本のあるシリーズをEさんは気に入っていました。休み時間や隙間時間を見つけ，いつもその絵本を読んでいるEさんがいました。
　私がその絵本のことで話をすると，Eさんは無表情でしたが返答してくれました。ある日，思い切ってEさんにお願いしてみました。
　「その絵本をみんなの前で読み聞かせしてくれないかな？」
　内気で，人前で話すのが苦手なEさん。彼女の答えは「いいよ」でした。
　そして，Eさんの読み聞かせ。絵本の持ち方もたどたどしく，文章がかなり読みにくい絵本の持ち方だったのに，スラスラと読み切ったEさん。内容を全部覚えていたのですね。拍手喝采。恥ずかしそうなEさんの笑顔。
　ギクシャクしていた私とEさんの関係がよくなっていったのはその頃からでした。また，周りの子のEさんを見る目もその頃から変わっていったように思います。
　男子数人による授業妨害等は年度末まで続き，私は心身ともに困憊しきっていましたが，彼らがEさんをいじめることはないと信じていました。
　結局，あの事件の後，Eさんがいじめを受けることはありませんでした。

いじめ指導の極意
3 「先生は自分のことを信じている」

以上のことから，私なりにいじめ指導についてまとめます。

いじめについて教える。

「予防編」の(2)で述べたように，いじめとは何なのか，いじめをしたらどうなるのかということを教えます。同じく「予防編」の(5)で述べたネット上のいじめについても高学年には指導する必要があります。いじめが起きた時は，「治療編」で，Ｅさんをいじめた子どもたちに私が迫ったように，まずそれが「いじめである」ことを認識させます。

居心地のいい学級をつくる。

子どもと教師，子ども同士がつながっている学級を目指します。「予防編」で紹介した「自問清掃」「反応」「話し合う場」などは，この「居心地のいい学級づくり」につながる取り組みです。

自分の言動に反応があり，失敗しても大丈夫，言いたいことが言える場のある学級をつくりましょう。「自分たちの問題は自分たちで解決する」という思いが，いじめに強い学級をつくります。環境的に美しく整えることも大切です。

そして，何より大切なのは，

個を信じ，集団を疑う

ことだと思います。集団である限り，対人関係で問題が生じるのは当然であり，いじめという事象が起きる可能性は否定できません。常に「いじめが起きるかもしれない」という眼で集団を観ていかなければいけません。だからこそ，「あの手この手」を打ち，いじめの予防に必死になるのです。

しかし，個人を観る時に「この子が友だちをいじめるかもしれない」とい

う眼では観るべきではないと思うのです。教師の不信感は子どもに伝わります。「治療編」での私の失敗談は，ここに関係があります。

　大切なことは，「私はあなたのことを信じている」というメッセージを発信し続けることです。言語化することにより，教師自身も子どもをさらに信じることができるようになるのです。

　「落とした友だちの消しゴムをそっと拾ってくれたあなたが，陰で友だちの悪口を言うわけがないと私は思っているよ」

　「給食の時間，自分が食べるより先に，いつも残ったおかずを配ってくれてありがとう。人の役に立っていることに幸せを感じているあなたがすごく素敵だと思う」

　「あなたの優しさがうれしい。この学級はあなたのそんな優しさで支えられている。友だちに言ってしまったきつい一言は，あなたらしくないと私は思っているけど，何より自分でそう感じているんじゃないかな」

　「つらい気持ちを抱え込まないでね。あなたは人にいじわるなことができないから我慢しちゃうけど，たまにはみんなの前で爆発していいのよ。帰りの会で言ってみる？」

　そんな言葉を，直接言ったり，「振り返り」に書いたりして伝えていきます。「先生は自分のことを信じている」という思いが，最大のいじめ予防になり，いじめ治療になると思うのです。

　私はまだまだ甘いと思います。これからも，いじめに関してもいろいろな問題に直面していくことでしょう。子どもや環境が変われば，今まで打ってきた「あの手この手」も通用しなくなるかもしれません。ですので，この本から学び，打つ「手」を増やし，子どもの命を守っていきます。

（永地　志乃）

【参考文献】
* 1　平田治『子どもが輝く「魔法の掃除」～「自問清掃」のヒミツ』三五館，2005
* 2　赤坂真二『赤坂版「クラス会議」完全マニュアル　人とつながって生きる子どもを育てる』ほんの森出版，2014
* 3　赤坂真二『いま「クラス会議」がすごい！』学陽書房，2014

6 予防にコストを 治療にはケアと集団の力を

　いじめはどの学校，どの学級にも起こりうると考えます。人と人とが集団で生活している限り，トラブルは起こるもの。トラブルが大きくなり，集団で一人を長期間無視する，嫌がらせを続ける，明らかに差別する態度をとる，暴力行為に及ぶなどがいじめになります。いじめが起き，事が大きくなってからでは，取り返しのつかない事態になるやもしれません。

　私は，いじめを起きにくくすること，起きても，最悪の事態を引き起こすいじめに発展しないよう，初期の段階で食い止める集団をつくりたいと考えています。

　そのために大切なことは何でしょうか。それは，いじめ予防に多くの時間や手立てを講じ，土壌づくりをすること，万一，起きた場合には，初期対応に全力で当たり，時には解決にかかわれる集団をつくることだと考えます。以下に予防と治療の視点から実践していることを紹介します。

いじめ予防編
1 早期発見に努める

　深刻ないじめに至らず，初期段階で食い止めるために，子どもの変化に気付くことが最も大切です。子どもを見取るいくつかの手立てを記します。

(1) 子どもの変化に気付く
① 子どもの様子を記録

　小学校は，1日のうち大半を自分が授業を受け持ち，給食・清掃指導，昼休みも含め，一緒に過ごす時間が保障されています。ですから，朝から帰りまでのうちに意図的に一人一人の子どもとコンタクトを取り，様子を見たり，

話したりする機会をもちたいと思っています。
　私が意識して子どもの様子を見るのは，次のような時です。

> 朝，挨拶をしながら教室で迎える時　　朝の会の健康観察を行う時
> 日直が朝の会を進めている時　　休み時間　　給食を食べている時
> 連絡帳に担任サインをする時　　帰りに教室を出る時

　学級に30人以上いるとなると全員と話せない日もあります。朝の健康観察をはじめ，「日直の子」「この列の子」と決めて順に見て行うとできるだけまんべんなく子どもたちを見取ることができます。特に健康観察の返事，表情，その子の様子，前日との変化を見るのに有効です。
　そして，よい姿が見られたら「元気な『はい』だね」「今，友だちにどこを読んでいるかそっと教えたよね。そういうのいいね」と即声をかけたり，取り出して紹介したりします。そして，具体的な姿はメモに残しています。
　ある年受け持った３年生の子どもたちは，前年度２クラスだった学年が，転出により１クラスになりました。人数倍増にギャングエイジが加わりかなりパワフルでした。信頼関係を築く日々の中で，とにかくよい姿を見つけようと始めたのが「いいことメモ」でした。
　私がノートにメモをしていると「先生，何書いてるの？」と言って覗き込んだ子がいました。私が「みんなのいいところを見つけたらメモしているんだよ。忘れちゃうからメモ…」と答えると「ふ〜ん」の声。
　自分が見つけた子どもたちの具体的なよい姿はすぐにノートに記録しています。それをもとに子どもたちに朝の会の話や黒板のメッセージで伝えることで，このような行動がよいのだという価値付けを図ります。
　そして，よい姿をメモし続けることで担任自身に子どもの肯定的な見方をしようとする目も培われていきます。また，学期末の所見にも役立ちます。
　加えて，この時のクラスでは，いいことメモを始めてから子どもたち同士がよい姿を発見し，報告に来ることが増えました。「先生，Ａさんが…していました。メモしてください」と。私はそれを喜んで聞き，「ありがとう。

Aさんに『いいね』って伝えてね。きっと喜ぶよ」「Bさん，優しいね，人のいいところを見つけて」と返すことで，子ども同士がよさを発見し合う，認め合う姿が増えていきました。

　もちろん，気になる子，トラブルなどもこっそり記録しておきます。1か月くらいで名簿にチェックを入れます。メモを時々見返すことで個々の子のかすかな変化が気になったり，なかなか名前を挙げられない子に注目して観察するようにしたりします。変化に気付く材料としてメモを使うのです。

② 質問紙で実態把握

　一方で，子どもが教師に見せている姿と教師が見取れる子どもの姿には齟齬もあります。教師の見取りに加え，客観的に子どもを見取る手立てには質問紙法があります。私は，子どもたちを理解する客観的資料の一つとして「Q-U」という質問紙を活用しています。

　「Q-U」とは，河村茂雄氏が開発した「楽しい学校生活を送るためのアンケート」です。子どもたちの学級生活での満足感と意欲，学級集団の状態を，質問紙によって測定します。「Q-U」については文末に参考文献を示しました[*1]。「学級満足度」と「学校生活意欲度」を測ることができます。学級満足度は，承認得点と被侵害得点によって次の四つに位置付けられます。

(ア) 承認得点が高く，被侵害得点が低い子「学級生活満足群」
(イ) 承認得点が低く，被侵害得点も低い子「非承認群」
(ウ) 承認得点が高く，被侵害得点も高い子「侵害行為認知群」
(エ) 承認得点が低く，被侵害得点が高い子「学級生活不満足群」

　このQ-Uの結果から，個々の子どもの変化，学級集団の状態の把握に努めています。この数年は，学校単位で取り組み，結果や変容の様子，成果と課題を共有し合っています。

　私がQ-Uを活用する際，見てい

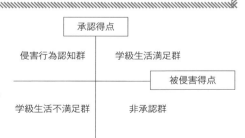

るのは次のような点です。

> ①学級の全体像を見る（(ア)〜(エ)の各群への散らばり）
> ②個の変化を見る

　他の質問紙に比べ，Q-Uのよいところは，クラス全体と個の両方を見ることができる点です。
　いじめの予防として個々の子の変化をつかむ際，②の個の変化を見るについてですが，次のような点をチェックしています。

> ①学級生活不満足群にいる子
> ②侵害行為認知群，非承認群にいる子
> ③担任の見取りと子ども本人の回答に大きなずれがある子

　年に複数回取ることで，前回と比較することができます。
　まず，左下の①にいる子は，学校生活に満足していない子です。何か困っていることはないか，話を聴き，受け止めます。不満足群に位置した子から優先的に面談を行い，いじめ，困っていることを聞く材料にしています。
　次に②の左上は，「かかわりの中で侵害行為を受けている」，右下は，「自分が認められていると思っていない」と認知している子どもたちです。
　低学年の場合，その日，前の日の出来事や感情で回答してしまうこともありますので，話をよく聴き，嫌な思いをしているのであれば，取り上げて，どうなってほしいのか，どうしたいのかを一緒に考えていきます。
　最後に③の子です。日々の見取りから，担任としては満足しているように見える子が，満足群以外の場所に位置付くこともあります。教師の見取りと合わせ，その子が今，そう感じていることをつかみ，次の対応に活かすという視点をもちたいものです。
　このように，子どもたちの様子を見取り，次の手立てに活かすための資料として質問紙を活用するのもいじめ予防に有効な方法の一つだと考えます。

③　子どもとのつながりタイム
　定期的に一人一人と面談を行います。学校生活で楽しいこと，悩んでいることや困っていることを聞きます。学校によっては時間を設定して実施するところもあります。この面談を私は，一人一人とつながる時間にしたいと思っています。つながることで予防になりますし，いざという時，気になる情報を話してくれることも期待できます。
　ポイントは，Q-Uで要支援群にいる子や気になる子がいればその子から優先的に面談を行うことです。秘密は厳守し，いじめにつながるようなことがないか参考にします。この面談で聞いたことをもとに人間関係が見えてきたり，子ども理解になったりします。
　面談はその子との貴重な２人の時間を過ごす機会です。普段あまり，自分からはそばに寄ってこない子，話をすることに積極的ではない子と２人で話せるまたとないチャンスです。
　教師に話したいことが特にない子でも，よいところを伝えたり，その子の興味があることに関心を寄せたりして関係づくりになるよう努めます。また，最後に，「今は話したいことはなくても，何か話したいと思うことができたり，困ったことが起きたりしたらよかったら話してね」と伝えておきます。
　また，つながるために，給食を一緒に食べる，遊ぶ，日記をやりとりする…など他にも様々な手立てが考えられます。あらゆる手立てを活用し，普段から話しやすい，相談できる関係をつくっておきたいものです。

④　職員間で子どもの情報を共有
　小学校は，ほとんどの教科を担任が受け持ちます。しかし，一部の教科を専科の先生が担当したり，支援員さんが入ってくれたりすることもあります。そのような時は，子どもの様子を聞き，よい姿の情報をたくさん知っておくようにします。また，様子がおかしい，元気がない，家の話など担任外の先生にちょっと話したということが子どもの様子を見取る大きな材料になることもあります。
　以前，国語と算数以外は交流学級ですべて一緒に学習する特別支援学級在

箱の子がクラスに複数名いました。特別支援学級担任の先生と支援員さんがほぼ毎時間教室にいたことがあります。初めは，大人が3人も教室にいること，年上の支援員さんだったこともあり，落ちつかない，気が重いと思ったこともありました。しかし，自分が全体指導をしていて手が届かないところを見てくれたり，起こっているトラブルを見つけて時には話を聴いて解決に向けた支援をしてくれたり，情報を寄せてくれ，私が「何かあったの？」とその子に聞き，対応することで早めに対処できたことがたくさんありました。

　小学校では，学級担任が賄う比重がとても大きく，一人で対応しなければならないと思いがちです。しかし，学年複数学級ならば学年の先生との連携，単学級であれば，専科の先生や支援員さんたちと情報の共有を行い，上手に連携をとり，早期発見につなげていきます。

　⑤　靴箱・椅子チェックと環境整備

　躾三原則には「挨拶，返事，履物・椅子を揃える」があります。椅子をしまうことは，狭い教室では怪我の防止にもなります。また，乱れている環境より整った環境で過ごす方が気持ちよいこと，規律を守ることでみんなが心地よく過ごせることを体験させていきます。靴を揃えることも同様です。「靴の乱れは心の乱れ」を合い言葉に，靴を左右揃えて入れることを指導します。帰りや朝の靴箱からその子の様子を把握し，靴を見て「いつも揃っているな」，「この子は靴が乱れているな，何かあったのかな」と気にかけたり，変化に気付いたりできるように心がけています。

　また，下校後，机を整理し，黒板を再度きれいにし，教室をはいて，子どもたちを迎える準備をし，その日を終えるようにしています。整った環境で過ごすことを気持ちよい，これが当たり前と思わせたいためです。

(2) **授業で教え育てる**

　下学年を担任することが多い私が，ここ数年特に気になっていることは「低学年の子どもたちの言葉遣いの粗暴さ」です。言いたいことをうまく言えずに手が出る子もいます。人が傷つくようなトゲトゲしい言葉を簡単に口

にする子も少なくありません。テレビなどの影響もあると思いますが，受け持った子には毎年，次のようなことを伝えています。
　「言葉には力があります。言葉はナイフみたいに人を傷つけることもできるし，逆に人を元気にすることもできます。みんなはどっちの言葉を使う人になりたいですか？」と。言葉に関する授業と活動を紹介します。
　① 「ふわふわ言葉チクチク言葉」の授業
　手塚郁恵氏[*2]，赤坂真二氏[*3]の書籍を参考にしています。道徳の授業で年度初めに行うことが多いです。

> 「言葉には力があります。人間は，言葉で元気になることもあれば，逆にひどく傷ついてしまうこともあります」

> 「みなさんは，これまでに友だちや家の人に言われて嫌だったな，傷ついたなと思う言葉はありますか」

　子どもたちに尋ね，出された言葉を板書していきます。たくさん出ます。一通り出された後，みんなで読んでみます。この時，「それを言うと，すごく嫌な気持ちになる人は無理に読まなくていいですよ」と声をかけ，嫌な言葉を無理やり口に出さなくてもよい配慮をします。

> 「読んでみてどんな気持ちがしましたか」

と聞き，感情を出させます。子どもは，「嫌だ」「むかつく」「気分が悪い」「やる気をなくす」「イライラする」などと答えました。

> 「このように言われると嫌な言葉を『チクチク言葉』といいます。
> 　逆に，言われるとうれしくなる，元気になる言葉もあります。『ふわふわ言葉』です」

　ここで，言われてうれしくなる，元気になる言葉を出させます。
　同じでもよいことを告げ，全員の子に発表させます。こちらもすべて板書

します。どちらの言葉もたくさん出し合った後，

> 「もし，チクチク言葉ばかりのクラスだったらどうなりますか？」

と聞きます。ここでは少し時間を与えて考えさせ，発表させます。結末を予測させることは，先を想像する力を育てることになり，大切だと思っています。

ある年の3年生からは次のようなことが出ました。

> 最悪のクラス，いじめが多い，言葉遣いが悪い
> 学校がこわれる，学校に来る意味がない，グレる，先生が悲しむ

出されたことを確認しながら，次も聞きます。

> 「ふわふわ言葉が溢れたらどんなクラスになるでしょう？」

子どもたちから出た意見です。

> 優しい，協力する，頭がいい，集中できる，きれいになる
> 気分がいい，助け合える，また来たくなる，仲良くできる
> 先生にほめられる，楽しい

最後に，次のように聞きます。

> 「チクチク言葉で溢れるクラスとふわふわ言葉で溢れるクラス，今年はどちらのクラスを目指しますか？」

少し間を置いた後，挙手で確認します。この時は全員，ふわふわの方に手を挙げました。しかし，全員でなくても，8割程度の子がふわふわ言葉で溢れるクラスがいいと思っていることが確認できればよいと思います。「人をうれしくさせる言葉，元気にさせる言葉をかけ合っていこうね」と締めくくりました。

写真1は授業の板書です。チクチク言葉を青くギザギザで，ふわふわ言葉

は赤でふわふわと囲みました。文字の色を青と赤で書くことも言葉のイメージを感じ取らせるためによいと思います。

写真1

② ハートカードの交換

　ハートのカードに友だちの頑張り，よかったところを書いて帰りの会に渡す活動を定期的に行います。互いのよさを言葉で認め合うと同時に，手渡すことで相手の反応を感じ，あたたかい言葉は，人を元気にさせる，人を喜ばせる力があることを実感してほしくて実施しています（写真2）。

写真2

いじめ治療編
2　初期対応こそすべて

(1) **何も気付かなかった私　保護者が突然やってきた！**

　以前，3年生を担任していた時のことです。ある朝，Aさんのお母さんが乗り込んできました。「うちの子，いじめられているんです！」と。

　お母さんの話は次のような内容でした。

・2年生の頃から，B君に机を離されたり，すれ違いざまに暴言を吐かれたりしている。

第2章　いじめに強いクラスづくり　予防と治療マニュアル　107

・通りがかりに足を踏みつけていくこともある。
・3年生になっても続いているようだ。何とかしてほしい。

　管理職同席のもと，お母さんの訴えの概要を聞き，この後事実を確認し，夕方以降，指導の内容を連絡すると約束して話を終えました。
　突然の話に驚きましたし，ショックでした。学校に話に来てくださったことに感謝し，すぐに自習体制を組み，事実確認にあたりました。

(2) まずは事実確認

　私が，Aさんに話を聞き，同時に教頭がB君から話を聞きました。同時に関係児童に話を聴くことができるチーム体制を取ることは，ごまかしを防止したり，口裏を合わせる時間をなくしたりするためにもなります。
　まず，Aさんを別室に呼び，話を聞きました。お母さんの話にあったように，B君からは，すれ違いざまに「デブ」「死ね」という言葉を周りには聞こえないAさんにだけ聞こえるような声で言われることが何度もあったそうです。それらは，2年生の時から始まり，3年生になった今もあるということでした。
　私は，少しも気が付かなかったことをAさんに謝り，
「話してくれてありがとう。このことをこれからB君に聞いて，やめさせるように話をするね。Aさんの名前を出してもいいかな」
と確認しました。その後，教頭の聞いた話と突き合わせ，B君を呼び，担任として指導にあたりました。次のように話しました。
「Aさんが，B君にされたことが原因で学校に行きたくないと言っています。Aさんは先生には言わなかったんだけど，家の人に泣きながら話したんだって。Aさんの家の人がとても心配して知らせてくれて，さっきAさんに確認したら本当ですって言うのね。B君，本当ですか？」と。
　ここで決めつけず，「〜ですか」と尋ねた聞き方がB君の心を開かせたのではないかと思います。低・中学年に対しては，寄り添いながらの事実確認

が功を奏す場合があります。
　B君は、しばらくだまっていたものの「はい」と答え、したこと自体も割とすぐに認めました。具体的にどんなことをしたのかというところでは、Aさんから聞いていたことを先に話さず、教頭が聞き取ったことをもとにB君に確認していきました。自分がしたことをふり返り、自覚させるためです。メモを取りながら聞きました。
　いつ、誰に、何を、どのくらい（頻度）を一つ一つ聞いていきます。「悪口を言った」と答えた際は、「どんなことを言ったの？」「どんな時に？」「何回くらい？」と一つ一つ聞いていきました。
　被害者が加害者のイライラを引き出すようなことをし、手を出してしまうようなきっかけを与えている（引き金を引いている）ケースもありますが、AさんとB君の場合、それには当てはまらないと考えました。
　B君から事実を確認する際は細かく、あいまいさを残さないように、一つ一つ聞き取っていきました。また、矛盾やあいまいなところは聞き直すことで最大限、事実確認に努めました。
　ただ、したことや感情をうまく言葉にできない子もいます。ごまかそうとしているという場合は、しつこく確認し、ごまかしを許さない態度で聞いていきますが、本人なりの精一杯の回答だと思った場合は、こちらでいくつか選択肢を示して聞く場合もあります。
　事実を確認した後は、「許せない行為」「あなたらしくない」「心配だ」という教師の感情を思い切り伝えます。
　B君は、泣き出しました。しばらく泣いた後、「してしまったことは仕方がない。これからどうするかが大事だよ」と話しました。
　B君に「これからどうする？」と尋ね、「謝りたい」と言うので、何をどんなふうにAさんに言うかまで確認しました。
　次にAさんを呼び、B君と会わせました。B君は、これまでしたことの謝罪と二度としないことを約束しました。Aさんは、B君の謝罪に対し、思っていたよりすぐに笑顔になり「いいよ。もうしないでね」と答えました。

私は，「B君がしたことはAさんをものすごく傷つけました。B君がそんなことをするなんてとてもショックだったよ。Aさんは『いいよ』って許してくれたけど，悪いとわかっていて同じことを繰り返すのは卑怯です。二度としてはいけません」と語りました。

(3)　事実と指導の経緯を報告

　このように，保護者から訴えがあったいじめの場合，事実確認と謝罪だけでは終わりません。事実の経緯報告とその後が大切になります。

　先にまず，Aさんのお宅に家庭訪問に伺いました。今朝，来校して教えてくださったお礼，今日の指導の経緯と確認できた事実，B君が謝罪したこと，これまで気が付かなかったことをお詫びしました。お母さんは，「2年生の時からあって，今も続いているっていうから心配で連絡しました。これからもよく見てほしいです」とおっしゃいました。

　B君のお宅には保護者の帰宅を待ち，訪問しました。事の概要と確認できた事実をお話ししました。「最後にご家庭での様子はいかがですか？」と尋ねるとお母さんは，涙を流され，家庭での事情，B君の家での様子を話してくださいました。ここに詳しく書くことは控えますが，人にいじめをする子には何らかの理由があります。ストレスであったり，人より優位に立ちたい気持ちの表れであったり…。もちろん，人に継続的に悪口を言う，故意に足を踏むことが許されるわけではありません。

　この時，B君のお母さんの話を聴きながら，B君の気持ちを満たすような働きかけやB君が学校でエネルギーを発散させるような機会を設けることが十分にできなかったことを悔やみました。

(4)　その後のケア

　翌日，AさんへのB君の言動，Aさんの様子を気にかけながら見ました。

　1週間後，Aさんのお宅に電話をし，学校での様子を伝え，Aさんの家での様子をお聞きしました。B君は，Aさんに対し，故意に嫌がることをする

ことはなかったようですが，もっとＢ君が他の子に認められるような言動を取り上げる，よさが発揮できるように仕組めたのではないかと当時をふり返ると思います。

　１か月が過ぎた頃，もう一度Ａさんのお宅には学校での様子と保護者から見て変わった様子はないかを尋ねる連絡帳を書きました。いじめの指導は，表面的に解決した（と思われる）後でも実は変わっていないことも考えられます。そのため，後の数回の連絡とフォローが必要だと考えています。

　特にいじめのような場合，その後の経過観察も大切です。１週間後，１か月後，３か月後などと決め，定期的に子どもと話をしたり，保護者に様子を知らせたりするとよいと思います。

(5) 集団の力を活用

　昔の対応をふり返り，今の自分なら，こうするということがあります。

　まず，悪口，嫌がらせといったトラブルが発生した際，本人が了承すれば，学級全体で取り上げ，「こんなことで嫌な思いをしている人がいるんだけど，どうしたらいいかな」ということをオープンにすることもあることです。

　自殺はもちろん，不登校などにつながる深刻ないじめはあってはならないですし，だからこそ先述のように予防策に重点を置き，実践します。

　しかし，多くの子どもが集まる学級という集団の中では，トラブルはあって当然とも言えます。

　そんな時，集団の力を借りて解決策を探す方法もあることを知りました。

　現在，担任している学級では，定期的に「クラス会議」を行っています。

　「クラス会議」とは，「子どもたちが生活上の問題を議題として出し，クラス全員で解決策を探す」時間です。クラス会議に関しては，文末に参考文献を示しました[*4]。

　出される議題には，「みんなでお楽しみ会をしたい」というものもあれば，「悪口を言われて嫌だった。どうしたらいい？」「先生に名前を呼ばれると，こっちの方を見る人がいて嫌です」「下校の時，一列で帰れなくてケンカに

なる」など日常のトラブルや自分が嫌だと感じていること，困っていることが学級で共有される機会になっています。

　クラス会議の場では，みんなからこうしたらいいのではないかという解決策やアイデアが出されます。その解決策を選び実行するのは，議題を出した子です。みんなに話したからと言ってすべてがすぐに解決するわけではありません。

　しかし，話し合うことは他の子が「あの子はこういうことが嫌なんだな」と気持ちを理解したり，「このクラスにそんな悪口を言う子がいたのか」「なくせるといいなぁ。どうしたらいいかな」と気持ちを共有したり，考えを巡らせたりする場として大事であると思っています。

　また，悩んでいる子のためにアイデアを出し合う過程でトラブルがあっても何とか解決しようとする集団をつくっていく，そのために必要に応じて困りごとを共有する…そのような集団がいじめが起きても初期対応できる素地になるのではないかと考えます。

いじめ指導の極意 3　予防へのコストと治療でのケア

> **予防の極意**
> 　コストをかけた早期発見と言葉の力を活用する

　いじめに限らず，子どもの変化を見逃さず気付くことが大事であると思います。変化に気付くには，日々の観察，子どもとの面談，質問紙等の客観的資料，職員間の連携，下駄箱や椅子など様々な点から様子を把握し，早期発見に努めます。

　学級開きで言葉の力を語ったり，あたたかいメッセージを伝え合ったりし，言葉の乱れによる関係性の悪化防止や関係づくりに努めます。

> **治療の極意**
> 初期対応と母性型指導でケアしつつ，集団の力を活かす

　事実確認をしっかり行います。低学年の場合，忘れていたり，うろ覚えで話が変わったりすることもあります。そのため，細かい事実の確認がしきれないこともありますが，聞き取った話を突き合わせ，およその事実を双方に認めさせ，間を置かず対応することが大事です。この対応には時間や手間を惜しまず，コストをかけ，誠意をもって対応します。

　いじめ発覚の指導で，事実を確認し，被害児童のケアはもちろん，加害児童にも「心配しているよ」というメッセージを送ります。事が大きくなる前の初期段階こそ，加害児童に寄り添うことが有効だと考えます。

　子どもは過ちを悔い，次はよくなりたいと思っているものです。その感情に寄り添い，よくなると信じ，どうしたら繰り返さないかを一緒に考える存在でいたいものです。

　また，保護者からの訴えがあった場合は特に，解決後のケアを必ず行います。1週間後，1か月後というように定期的なフォローを行います。

　いじめをはじめとする問題が起きた際，本人の了解を得て，みんなに問題をオープンにし，解決策を話し合う場を設けます。トラブルを公開し合うことは勇気が要りますが，みんなが話し合ってくれたということが，本人にとってエネルギーになりますし，解決や次のトラブルの予防にもつながるはずです。トラブルを自分たちで解決しようとする経験をさせることが，これからの学級（チーム）づくりには必要だと考えています。

（近藤　佳織）

【参考・引用文献】
＊1　河村茂雄『学級づくりのためのQ-U入門』図書文化，2006
＊2　手塚郁恵『好ましい人間関係を育てるカウンセリング』学事出版，1998
＊3　赤坂真二『友だちを「傷つけない言葉」の指導』学陽書房，2008
＊4　赤坂真二『赤坂版「クラス会議」完全マニュアル』ほんの森出版，2014

7 システムと覚悟，共感と希望を

いじめ予防編

1 いじめに対して攻めの姿勢をとる

(1) いじめを見逃さない

　そもそも「いじめ指導」は，教師の心情面から言うと矛盾を抱えています。目の前の子どもたちのことは大好きなんだけれど，疑っている。

　どの教室にも差別の芽はある。いじめは起こりうる。そう考え，緊張感をもって学級経営をしなければなりません。

① いじめ発見システム

> いじめ発見システムをもっていますか？

　教師の中には自分自身が善良であるため，「子どもがひどいいじめをする」ということが，そもそも頭にないのではないかと思われる人もいます。つまり負の行動に対するアンテナが低く，鈍感な場合があるということです。

　また，逆にいじめをしている子は低学年でも教師の目をかいくぐることに長けています。

　かといって，いつも疑いの目で見ていてはそもそもいじめのないあたたかい学級はつくれません。

　そこで，時間と機会を設定し，いじめを把握するための活動を行います。それが「いじめ発見システム」です。

　私は，次のような活動を「いじめ発見システム」として活用しています。

いじめ発見システム①「仲間づくりゲーム」

　私は体育の授業で次のような「仲間づくりゲーム」を行います。

> ① 教師が「せえの」といった後，全員で拍手をする。
> ② 1回目は拍手1回。2回目は拍手2回，3回目は拍手3回…と増やしていく。
> ③ 「それまで」と言ったところで拍手した回数の人数のグループをつくる。
>   例：「せえの」パン，「せえの」パン，パン，「せえの」パンパンパン「それまで」→3人組をつくる。
> ④ 必ず手をつないで座ることを約束させる。
> ⑤ グループの構成が偏っていない方がよいことを伝える。
> （男女比や常に同じ人としか仲間になれない子に気を配る）

※この方法は，岡山県レクリエーション協会の中野順夫氏に教えていただきました。

　仲間に入れなかった場合は，「遅くなってごめんね」と歌いながらダンスを踊ります。最初は恥ずかしがる子も多いので，教師が一緒に踊ります。
　そうやって楽しく楽しくする。リラックスさせる。
　だからこそ，子どもたちの素が見えてくる。
　その中でいつも手をつなぐのが最後の方になる子が見つかります。
　いじめが存在しているかどうかはわかりませんが，疎外感を感じていることが多い子です。そこで指導を入れるかどうかはまた別の話ですが，そのような子どもの状況を把握することはとても大切です。
　「誰とでもグループが組めるようになることは，素敵なことだよ」
　繰り返し繰り返し行えるこの楽しいゲームは，いじめ発見システムとしても，そして教師の願いを伝える場としてもとても有効です。

いじめ発見システム②「学び合い」

　「学び合い」の定義はいささか難しいのですが，ここでは「子どもたちが，たくさん相談し合ったり，説明し合ったりする活動」として話を進めます。
　講義式の授業だと，子ども同士の横のつながりは見えづらいものです。
　しかし，学び合う授業では子どもたちの人間関係が見えやすくなります。
　「先生の前ではしない」と思われるかもしれませんが，「先生の前ですらサインを出してしまう」ことはよくあります。

「学び合い」というと難しそうなイメージをもたれる方もいるかもしれませんが，その入り口はさほど難しいものではありません。

```
○2人で相談する。
○近くの人と相談する。
○班で相談する。
○自由に動き回って相談する。
```

「ちょっと相談してごらん」「今の問題の意味を教え合ってごらん」「情報交換してごらん」

そう子どもたちに伝え，少なくとも上の4パターンを日常的に試していけばよいのです。子どもの動き方は四つのパターンで異なり，それぞれの場所でそれぞれの姿を見せます。

学習のためだけでなく，仲間づくりやいじめの解決というねらいも併せ持ちながら授業を行います。

「差別」の要因として，お互いのことをよく知らないことによる偏見が挙げられます。まず「隣のあの子」と話す機会を多くつくることが大切です。

いじめ発見システム③「アンケート」

いじめ発見で最もよく使われるのがアンケートです。

私は次のような項目を入れたアンケートを使っています。

```
6　クラスの中に，いじわるをされたり，ひとりぼっちになったりしている人を見ることがある。
    （　　）　よく見る
    （　　）　ときどき見る
    （　　）　見ない
    （　　）　わからない
```

いじめられている本人は「いじめられている」ことを，ものすごく恥ずかしいことだと感じています。

本人が訴えられない場合，周囲の子どもが見たり聞いたりしている情報もとても大切です。

教職員の同意も得られれば次のような項目も付け足しています。

> 担任の先生以外に，相談したい先生はいますか。
> いればその先生の名前を書いてください。

過去にいじめ解決に失敗している担任だと「言わない方が平和」だと考える子どももいます。

しかし，アンケートの最後に「他の先生に…」という項目を付け加えるだけで「閉鎖的な空気」を，ほんの少しだけ変えることができます。

② いじめを発見するために

どのような視点でいじめを発見するか。「何か変だぞ」という感覚がとても大切なのですが，ここではいくつか具体的な例を示します。

> ○目配せをする。
> ○机を離す。
> ○特定の子が話すと笑い声が聞こえる。
> ○顔を見ない。
> ○特定の子の表情が暗い。
> ○手をつながない。
> ○自由な話し合いの輪の中に入れない。

いじめられている子よりも，いじめている子を見つける方が集団で動くため発見しやすいものです。

いじめ発見システムは，全員がその場に必ずいる授業時間に行います。

「みんな仲良く」は言葉としては美しいけれど，誰とでも同じくらい仲良しというのは現実的ではありませんし，自我が芽生えて社会性が育てば，同じ趣味嗜好をもつ子どもとより仲良くなるのは当然のことです。

問題なのは、「同じ目的なのに、協力できない」「阻害される」ことです。

(2) いじめが起こりづらい学級とは

いじめが起こりづらい学級には次の特徴があります。

①**明るい。**
②**教師とつながっている。**
③**子どもの燃えが授業や学級の活動にあるということ。**
④**マナーやルールが確立されている。**
⑤**子ども同士がつながっている。**

まず、楽しくて、明るく、みんなが笑っている学級にはいじめが似合いません。笑いの仕掛けをいくつももっておくことは効果的です。

また、教師とつながりが強い学級は、自然と横にもつながり始めます。ファン同士がいつの間にか仲良くなるのはよくあることです。

子どものエネルギーは実はすさまじいものです。その向かう先がはっきりしていなければ、どんなことが起こるかわかりません。

先手を打って楽しく鍛える活動や行事を仕掛け、そのエネルギーの向かう先を示すことで、負の行動は減っていきます。

また、マナーやルールが確立されていることは大切です。

いじめは「マナー違反」であり、「ルール違反」です。

学級開きの時に、「叱ること」について話をしますが、その中でも野口芳宏氏の叱る三原則を低学年向けに変えたものの話をします。

先生が叱る時は三つです。
一つ目、3回注意しても直そうとしない時。
二つ目、命にかかわる危ないことをした時。
三つ目、人に嫌な思いをさせたり、悲しい思いをさせて自分がいい気持ちになったり、得をしたりしようとした時。

三つ目を言った後，いじめは絶対に許さないと伝えます。そして，教師が初日に宣言したことを守らせ続けることで，ルールは確立されていきます。
　では，子ども同士がつながっているということはどういうことでしょうか。
　それは，子ども同士がそれぞれの長所を認識し，短所をある程度許容できるようになっているということです。
　しかし，学年当初全員の長所が目に見える状態にはなっていません。そこで，教師の価値付けが必要になってくるのです。
　「君は，優しいね。優しい子だね」
　そうやってほめたいところを，目を皿のようにして見つけほめていくことで，その子のキャラ付けをすることもできます。
　同じような行動を繰り返しほめることで，その行動は増えていきます。
　いじめが「人が見ていないところで，人をつらい目に遭わせる」という行為だとすれば，逆に「人が見ていないところで，人を喜ばせる」という行為を見つけて，ほめてほめまくり，認めていけばいいのです。

(3) いじめ指導に強い教師の特徴
① 休み時間にも気を配る教師
　いじめは授業時間に発見すると書きましたが，その一方でいじめは授業時間以外で起こっていることを知っておかないといけません。
　いじめに強い教師とは「休み時間にも気を配る教師」です。
　例えば40人いて，その全員がどこで遊んでいるかわからない。
　それは仕方ないことだと考える方もおられるかもしれませんが，基本的には誰がどこにいるかは把握しておきたいものです。
　兆候は授業時間に見えますが，いじめが行われるのは休み時間や登下校時など教師の目の届かないところです。兆候に気付く自信がないなら常に休み時間は子どもの中に入っていく必要があります。
　担任が知らないところで，一人ぼっちになっている子は案外多くいます。人に配慮できる子。そう，教師にさえ配慮してしまう優しい子は自分が一人

ぼっちになっていることを言わないことがあります。

　教師が休憩中に職員室で楽しい時間を過ごしている間，ずっと一人ぼっちで教室で本を読んでいる。そんな光景もどこかにあるのかもしれません。

② モデル教師

　モデル教師と言っても，かっこいい素敵な教師ではありません。教師自身が「いじめをしない人」「いじめから救う人」のモデルになっていることを意識している教師です。

　「いじめはダメだ」と伝えても，教師が力のない子どもを軽く扱い，誰かの失敗を笑い，困っている子どもに手を差し伸べないならば，子どもも同じように行動し，結果いじめが起こるのではないでしょうか。

　では，「いじめをしない人」「いじめから救う人」はどういう人でしょうか？　例えば，明るい人。誰とでも遊ぶ人。みんなに声をかける人。困っている人がいればそっと寄り添う人。

　教師自身が，影響を受けやすい時期の子どもたちの前で意図的によいモデルとなるのです。

(4) **仲間づくりの前提を語る**

　豊かな集団は多様な価値観をもっています。

　その価値は決して「できること」だけに向いてはいません。「できないこと」「マイナスであること」に対しても存在価値を認めるということです。

　私が大切にしている話を以下に二つ紹介します。

① 眼鏡の話

> 眼鏡がないとものが見えない人がいます。
> では，その人はダメな人ですか。恥ずかしい人ですか。
> いやいや，眼鏡があればいいのではないですか。

> 　このクラスにはいろいろな人がいます。得意なことがあれば，苦手なこともあるでしょう。
> 　でもね，苦手な人がいても得意な人がいて助ければ，誰も困らないんですよ。
> 　できないことは誰にでもある。
> 　そして，そのできないことを誰かが眼鏡のようになって助け合えばいいのです。
> 　できないことは恥ずかしいことではない。
> 　特に頑張ってもできないことは誰にでもある。
> 　そして，クラスの中に眼鏡のような人がたくさん増えてくれると先生はうれしいし，気持ちのいい過ごしやすいクラスになると思います。

　体の不自由さがある子たち，支援が必要だと言われている子たちに対する支援の布石につながります。

　「そうか，君はじっとしているのがとっても苦手なんだな。じゃあ，仕方ないか。誰だって頑張ってもすぐにできないことって，あるもんな」

　できないのに頑張っていないと感じると，子どもたちは厳しくなることがあります。しかし，頑張ってもできないんだということを，大人が確認すれば許容しやすくなります。

　眼鏡の話は私にとっては，とても重要な話です。

② 学びの４段階

　学び合いなどでいたずらに階層をつくることにつながらないように，学びの４段階についても話をします。私が考える学びの４段階は以下の通りです。

> ①知っている→②わかっている→③できる→④教えることができる
> 　　　　　　　※②と③は入れ替わる場合もあります。

　例えば１年生なら，次のように話すことができます。

> 九九について知っている子いますか。たくさん知っているんだね。
> じゃあ「ににんがし」って，どういう意味？
> （首をかしげる子が多数出てくる）
> 知っていることと，わかっていることって違うんだね。
> じゃあ，九九を全部言える人？
> 知っていることとわかっていることと，できることは違うことなんです。
> （黒板に上の図を示しながら）
> でもね，「できる」よりもっとすごいレベルがあるんだなあ。
> なんだかわかる？
> それは，「教えることができる」です。これが一番難しい。
> では，教えることができるようになるためにはどうしたらいい？
> そうですね，教える練習がいるね。そのためには「教えさせてくれる人」がいないとダメだ。
> 「わからない」「教えて」
> 友だちにそう伝えてくれる人は，教室の宝物のような人です。
> 「教えてあげる」人ではなくて，「教えさせてもらえる」「レベルアップさせてもらえる」大切な人，ありがたい人なんです。

　いじめを克服するための布石を，教師の願いを込め打っておくのです。

(5) 道徳の授業でゆさぶる

　私は，雰囲気が変だと感じると道徳でいじめに関する授業を行います。
　副読本の教材にもよいものがあります。また「わたしのいもうと」（松谷みよ子著）もよく知られていますが，私は次の絵本を使って授業をします。

> 「あの子」（ひぐちともこ著　エルくらぶ刊）

　「あの子」は，一人の子どもが，いろいろな子どもに「あのな，きいてんけどな」「あの子といっしょにおらんほうがええで」と言われ始め，どんど

んその輪が広がっていくというお話です。しかし，途中で「それってほんまやのん」と尋ねる子が出てきて流れが変わります。

この絵本には役割が違う「あの子」が，すべて同じ顔で描かれ登場します。

言われる子，言う子，広げる子，同意する子，そして疑問をもつ子。

私は次の四つの発問で子どもたちに切り込んでいきます。

> ①この子が言われていることは本当のことでしょうか。
> ②なぜ，このうわさ話は終わったのでしょうか。
> ③なぜ，みんな同じ顔で描かれているのでしょうか。
> ④あなたは，どの「あの子」になりたいのですか。

同じ顔で描かれているのは，いつ誰がどの立場になるかわからないという作者のメッセージだと私は捉えています。

現在のいじめは一方通行ではありません。昔のような「いじめっこ」「いじめられっこ」という固定化した関係性が見られるのはまれです。

> やる子はやられる。

いじめをする子どもは「人を蔑ろにして楽しんでよい」という輪の中に入っているのであるということを教えます。

いじめは，単にその輪の中の役割や順番が変わるだけなのです。

この絵本はそのいじめの仕組みや怖さをわかりやすく教えてくれます。

(6) いじめる子の暗い部分に共感する～本当にケアが必要なのは誰か～

最後にいじめる子に視点を移してみます。

いじめをする子にも，多く，そして深くかかわってきました。

寂しい子，満たされていない子，かかわりが少ない子，認められていないと感じている子。

いじめにかかわる側の「あの子」の心の暗い部分にも目を向けると，実はケアや配慮が必要で，心に傷を負っている場合も少なくありません。

いじめ治療編

2 まず，思いは内包し，淡々と進める

(1) いじめ解決を流れで考える

いじめに対する怒り，悲しみは当然あります。教師自身が自分の不甲斐なさを強く感じる時でもあります。

しかし，そのような感情は心の奥に秘めながらも，やはり理性的，かつ事務的に動くこともまた重要です。

以下にいじめ解決までの流れを大まかに示し，後に詳述したいと思います。

> いじめ発見→教員集団の作戦会議→個の聞き取り→集団でのすり合わせ
> →個の確認→全体指導→個へ返す→保護者連絡

(2) いじめ指導の実際

さて，いじめを発見しました。しかし，いじめは集団で行われています。

個で対応することを一番に考えてはいけません。特に若い先生はまず経験豊富なベテランの先生に相談をすることが大切です。

そうやって教師もチームで動くことをまず確認し，役割分担を行います。

① 個への聞き取りから集団でのすり合わせ

> いじめに対する指導で一番大切なのは，いじめられた子をまず救うこと

具体的に何をしたか，何をされたか明らかにすることが一番です。

個への聞き取りから集団でのすり合わせで大切なのは次の二つです。

> いじめられた子，いじめた子の話をまずは傾聴する。
> 空白の時間をつくらない。

いじめた子に対して表面的にダメダメと頭ごなしに指導したためにいじめ

がより陰湿化することがあります。いじめた子の意図や感情もある程度くみ取る必要があります。ただし，迎合してはいけません。

原則は，気持ちはわかるが行為は許さない。

　○○だから…。○年前，こういうことがあったから…。

　その話は聞きます。もしかすると，本来は解決しておくべき過去の出来事が存在しているケースもあります。

　聞き取りの際，低学年の子どもは長い話がわかりづらい場合もありますので，右のように簡単に図示することで状況を理解しやすくなります。

　よく話を聞いた上で，それでもなお「いじめることは許されないことである」と伝えなければいけません。

　嫌なことがあれば，あなたがそうされても仕方ないのかと問いかけます。この時に，先ほど使った図が役に立ちます。矢印を入れ替えるだけで，当事者意識をもたせることもできます。

　個への聞き取りが終わった後，集団でのすり合わせを行います。後で保護者に伝える際にもとても重要になるので，しっかりメモを取りながら話をすり合わせます。

　特に低学年の場合は，子どもへの指導以上に，保護者への説明が重要になることがあります。

　後に保護者へ説明することも常に考えながら，丁寧に話を聞き，整理しておくことは，後に重要な意味をもつことがあります。

　すべてがわからなくても構いません。枝葉の部分についてはわからないところは「わからない」ことがはっきりわかっていればいいのです。

　この一連の聞き取りの際，気を付けなければならないのは「空白の時間」をつくらないことです。

個の聞き取りも教員で手分けして同時に行います。
　また，その後の集団でのすり合わせまでの時間にも，該当の子どもたちに自由な時間をつくらせないようにします。
　空白の時間に行われる「不必要な相談」が，すべてを台無しにしてしまう可能性があるからです。

　② いじめの次に向かわせること〜「ごめんね」「いいよ」は許さない〜
　いじめ指導は相手に謝らせ「次はしないように」で終わってしまうこともありますが，それだけでその子たちは仲良くなれるのでしょうか？
　「その失敗を取り返すために，あなたは今日から何ができる？」
　このような問いかけをすることで，いじめていた子にいじめる行動を我慢させるのではなく，よりよい関係を築くための第一歩を踏み出させるのです。

いじめは指導した後が勝負

　それまでの歪んだ秩序を破壊した後は，新しい秩序を構築する必要があります。
　子どもと話し合い，教師が正しい方向性を示さないといけません。
　「いじめをする」という癖がついているかもしれません。
　そこを乗り越え，どのような「いじめのない世界」をつくり出していくのか。
　そこに向かい始めてこそ，「いじめ指導」はその役割を終えます。
　新しい世界を語らなかったが故に，子どもたちは何をしてよいかわからず，体に染み込んだ同じ行動を繰り返し，結局緩やかではあってもいじめは続く。
　そうならないために，いじめを解決している最中から，「その後」をイメージしなければいけません。
　いじめられていた子は，クラスの中でどう扱われたらよいのか。
　いじめていた子は，クラスの中でどう行動するのか。
　そして，そんな子どもたちに教師自身はどうかかわっていくのか？

いじめが発覚しそれを解決したからこそ，問題意識をもつことができます。だからこそ向かうことができる高いゴールもあるはずです。

大きな生徒指導事案があったということは，それまで「何となく変だなあ」「何となく気持ち悪いなあ」と思っていたことを「具体的にこうしよう」と目標をもって変えていけるチャンスなのです。

マイナスをプラスに

思いを語り，理想に向かう子どもの行動をほめて価値付けをし，想像させ，できるようになったことを最後には心の底から喜びたいものです。

3 最終的には「覚悟」と「執念」が大切
いじめ指導の極意

私がいじめ指導で一番大切だと考えているのは「覚悟」と「執念」です。
4月学級開き時に，所信表明をするでしょう。
その時に私は必ず「いじめは許さない」ということを力強く伝えます。

> 学校は全員の可能性を伸ばすところです。
> その可能性を伸ばすことをいじめは邪魔します。
> 先生は，本当に全員の未来を大切にしたい。
> だからいじめは許さない。

明るく楽しい学級開きの中で，教師の揺るぎない芯を見せるべき場面です。
その4月に語った覚悟は1年間もち続けるのです。
もちろん教師は神様ではありません。気付かないこともあるかもしれません。目が届かないこともあるでしょう。
それでもなおいじめが起こったら，最初に示した覚悟の通り最後の最後まで全力を尽くして，その子の味方になるのです。
本稿ではいくつかの方法を示しましたが，その根底を支えるのは教師の覚

悟と執念以外の何物でもないと私は思います。

　最後になりましたが，私は子どもたちに「逃げること」を教えます。
　それは自分の学級の子どもに限りません。
　いじめは命にかかわることがあります。また，そこまでいかなくても将来に影響を与えるくらい，大きく大きく心を傷つけられることもあります。
　自分が担任をしている時ではなく，大きくなってからそのような状況に巻き込まれることもあるかもしれません。
　その時のために，次のことを伝えることはとても大切だと思います。

> **逃げることは決して恥ずかしいことではない。**

　「逃げること」「休むこと」「戦わない」ということ。
　それはもしかすると，人の命を救うことにつながるかもしれません。
　しかし，当然ですがせめて目の前にいる子どもには逃げなくてもよい状況を全力でつくり出していきたい。

> **子どもを愛しながらも，子どもの影の部分に目を向ける勇気をもつこと。**

　いじめ指導はつくづく逆説的な問いを教師に突きつけながら語られるものであると思います。そして，それは生業として教師としての仕事を選んだ者の使命だとも思うのです。

（南　　惠介）

8 いじめ問題の分析的予防と臨床的治療～小学校下学年編～

いじめ予防編
1 いじめ問題の理解と予防

(1) いじめ問題の捉え方

いじめとは，いじめる側といじめられる側という二者の関係だけで成立しているのではなく，はやし立てたり面白がったりする「観衆」や，周辺で見て見ぬふりをしている「傍観者」といった立場があります。

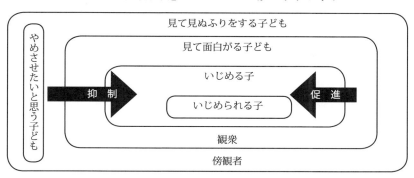

ただし，それぞれの立場にいる子どもたちは，積極的であるか否か，無関心なのか心を痛めているのか…等，それぞれの内面的状況や行為に及ぶ影響要因（個々の背景）があります。また，被害と加害の立場が変化することもよくあります。故に，断片的な情報を切り取って，一概にこれら四つの立場で線引きすることは適当ではありません。いじめ問題を真に理解するには，子どもたちの表面的な立場や動きだけでなく，個々の子どもたちが抱える背景に目を向ける必要があると言えるでしょう。

(2) いじめ加害に影響する要因

さて，国立教育政策研究所の「いじめ追跡調査2007-2009いじめQ＆A」では，いじめの加害経験と関連の深い（相関係数の大きい）要因を選び出し，それらの要因間に想定される道筋（パス）を仮定していじめ発生のメカニズムをモデル化しています。その中で，子どもたちをいじめ加害に向かわせる大きな要因として「友人ストレッサー*1」「競争的価値観（競争心）」「不機嫌怒りストレス（イライラ感）」の三つを挙げています。

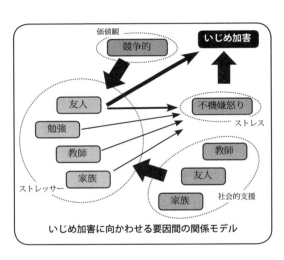

いじめ加害に向かわせる要因間の関係モデル

このうち，小学校下学年という発達段階では，いじめ加害に向かう要因として，友人ストレッサーから直接「いじめ加害」に向かうケースが多い…というのが実態ではないでしょうか。一般的に，受験などもなく，教師や家族にある程度従順なこの時期に，それらがストレッサーになりにくいと思うからです。

またこの時期は，集団による仲間外しや，SNSなどを媒体としたネットいじめは，発達段階から考えて想定しにくいとも言えます。多くは個人対個人，或いは少人数による，直接的ないじめが想定されるのではないでしょうか。

固定観念で捉えすぎない限りにおいて，個々の子どもたちが抱える背景に目を向けることと並行して，こうした発達段階によるいじめの傾向を想定することも重要です。いじめをある種の「病」にたとえるならば，教育のプロたる我々教師は，その原因や症状の傾向をある程度つかみ，環境因子を整え，個人（子ども）及び集団の免疫力の向上を図らなければなりません。場合に

よっては，効果のある「ワクチン」を処方せねばなりません。いじめ予防の勘所は，まずもってこのように分析的であるべきというのが，本稿における私の第一の主張です。

＊1　ストレス原因となる嫌な出来事のうち，友人関係に起因するもの。

(3) ストレッサーを緩和させる社会的支援

　国立教育政策研究所は，先に示したモデルを用いて，いじめの背景にあるストレスやその原因となるストレッサーの改善を図り，きっかけとなるトラブルを減らしたり，エスカレートを防いだりすることで未然防止を図る必要性を説いています。そして，その改善を図るための社会的支援の媒体として，「家族」，「友人」，「教師」を挙げています。

　このことを，小学校下学年という発達段階に当てはめてみると，自ずと日常的ないじめの未然防止の方向性が見えてくるのではないでしょうか。私なら，例外的な対応を迫られる可能性を常に念頭に置きながらも，基本的な方略として，まずは教師が子どもたちとの関係性（縦糸）を構築しながら子どもたちの様子を日常的に観察したり，いじめを生まない学級風土を醸成したりすることに力を注ぎます。つまり，教師主導による社会的支援を先行して行っていくわけですね。無論，学校から家庭への情報提供や啓発を意図的に行い，家庭の社会的支援を促すことも忘れてはなりません。

　そして，子どもたちの成長に合わせながら，徐々に自浄作用が働くよう集団をつくっていく。つまりいじめを生まない，仮にいじめが起きてもそれを集団の力で解決していけるようなチームを徐々に育てていくのです。こうした子どもたちによる自浄作用を，教師や家庭による支援と並行して行うことが望ましいことは言うに及びません。しかし，ここが小学校下学年の難しいところです。まずは教師との縦糸をしっかりと張りながら，徐々に子ども同士をつなぐ横糸を紡いでい

くという順序性を意識していくとよいでしょう。

　次項以降，そうした視点に立った私の日常的な予防策を，いくつか紹介してみたいと思います。

(4)　いじめ予防の実際
①　子ども観察

　子ども同士の人間関係を理解するためには，休憩時間の子どもの中に一緒に入って遊ぶことが効果的であるという声をよく耳にします。私もこの意見に基本的には同意です。遊びの場面にこそ，子どもの真の姿（本性）が現れます。教師としてそういった姿を必ず見取っておく必要があります。

　しかしその一方で，子どもと一緒に遊ぶことは，集団の人間関係理解のための必要条件にはなり得るものの，これだけで十分条件とはなり得ないのではないかとも思っています。「クラスの子どもたち全員を同一時間（休憩）に見取る」という視点も必要であると思うからです。

　こうした視点から，私は，以下のような方法で休憩時間の子どもたち全員の様子を見取っていました。

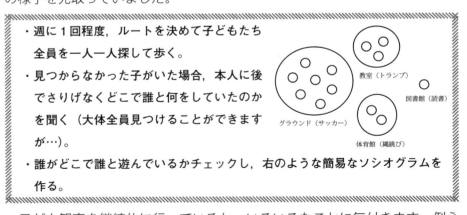

- 週に1回程度，ルートを決めて子どもたち全員を一人一人探して歩く。
- 見つからなかった子がいた場合，本人に後でさりげなくどこで誰と何をしていたのかを聞く（大体全員見つけることができますが…）。
- 誰がどこで誰と遊んでいるかチェックし，右のような簡易なソシオグラムを作る。

　子ども観察を継続的に行っていると，いろいろなことに気付きます。例えば，休憩時間の始めに楽しそうに遊んでいた3人組が，なぜか休憩時間の終

わりには，全くバラバラな場所で過ごしているのです。先週一緒に遊んでいたあの子が，今週はそれまでとは全く別のグループの子たちと遊んでいるのです。そして，クラスのほとんどの子が遊んでいる陰で，一人寂しく本を読んでいる子がいるのです。教師として見逃してはならないこうした光景は，一所(ひとところ)で限定された子どもたちと遊んでいては発見することはできません。要するに，一見浅い見取りのように思えるそれぞれの「点」が，継続的且つ俯瞰的に観察することによって「線」となっていくのです。そして，見取った出来事を相互に関連付け，想像を働かせることによって「面」となっていくのです。結果，子どもたちの人間関係の全体像や変遷を把握することにつながり，いじめの未然防止に有効に働くことになっていくのです。

② 子ども紹介

小学校下学年の子どもたちにとって，クラスの友だち一人一人の個性，よさ，嗜好などを，互いにどこまで把握できているでしょうか。無知・無理解は時として偏見を招き，その偏見は時として他者への攻撃材料ともなります。

そこで教師の出番です。私は，右下のような子ども一人一人の紹介コーナーを学級通信に掲載し，子どもたちのよさを積極的に発信するように心がけていました。これが子どもたちにかなり好評で，毎号通信が配られるたびに，通信に見入って活動停止…といったこともしばしばでした。

また，この取り組みのよさは，通信配布時に現れる…というよりも，記事作成に向けた取材時に現れる…と言った方がよいのかもしれません。例えば休憩時間に「○○ちゃん，ちょっと来てくれない」と私が声を出すと，にこにこした笑

顔と,「…あ,今度は○○ちゃんだよ」といったつぶやきとともに,たくさんの子が○○ちゃんの周りに集まってきます。友だちのそうした行為が○○ちゃんにとってはうれしくてたまりません。その子自身の自尊感情が通信配布前から高まることは推して知るべしでしょう。

　そして通信配布後,子どもたちが家庭にその通信を持って帰ってからも非常に大きな効力を発揮します。掲載した子の家庭はもちろんのこと,他の子の保護者の理解も得られます。時としてその子に対する偏った見方を,教師の知らないところで他の保護者がわが子に諭す…といったことも期待できます。まさに,家庭の社会的支援を促す手立てともなり得るのです。

③　授業で子どもたちをつなぐ

　子どもたちが学校で過ごす時間の大半は授業時間です。「学級づくりと授業づくりの一体化を」と言われるように,子どもたちのよりよい人間関係を醸成するためには,この授業時間が最も大きなウエイトを占めると言っても過言ではないでしょう。

　授業で子どもたちをつなぐためのキーワードは「想像力」「共感力」です。以下に示したような,他者と交流し,他者の考えを読む・思いを馳せる仕掛けを,授業の中で次々に打っていきながら育んでいきたいものです。

---

①例えば黒板に式を書いた子の考えを,「○○さんの考えがわかる人いるかな?」などとつぶやきながら,他の子どもに説明させる。

②例えば途中で発表をストップし,「今すごく重要なことを言おうとしているんだけど,誰か続きを言えるかな?」などとつなぐ。

③「○○さんの説明を,もう一度隣の人に再現できるかな?」と投げかけ,隣同士で説明させる。　　　　　　　　　　　　　　　　　　　　…等

　上記以外にも,方法はいろいろと工夫できそうです。要するに,友だちの意見をしっかり聞いていないと困る,友だちは何を考えているか聞きたい・知りたい…という状況を意図的に,繰り返し繰り返しつくり出すわけです。

それは，単に発表者を見て聞いているふりをしている状況とは趣を異にします。形も大事ですが，それだけを徹底したところで，本当の意味でつながっている状態とはなり得ないのです。友だちの発表を，その思いを想像したり共感したりし
ながら聞くことが定着していけば，自ずと子ども同士の関係性も紡がれていくことでしょう。

④ 子どもたちの現状を把握するためのチェックポイント

ここまで，いじめを生まない学級風土づくりの具体的手立ての例をいくつかご紹介しました。しかし，これで十分ではないことは言うまでもありません。過信は禁物であることは，読者である先生方も身に覚えがあることでしょう。

我々教師は，「いじめがいつでも起こり得る」ことを想定し，常にアンテナを張って子どもたちの様子を把握しておく必要があります。その方法としては，先に挙げた観察法をはじめ，面接法，調査法など様々ですが，複数の方法を相互に関連付けることで，個々の子どもの状況が浮き彫りになり，正確な見取りを行うことができるでしょう。

いずれにしても，子どもたちを見取る視点，チェックポイントが重要になってきます。予防編のまとめとして，その例を次ページにリストアップします。忙しい生活の中で，子どもたちのちょっとしたサインを見逃すことのないよう，チェックリストを活用しながら，多面的に見取る姿勢を忘れないようにしたいものです。

チェックすべき子どもの状況例			
登下校時	体の不調を訴えるようになる。	休憩時間	一人で過ごすことが多くなる。
	登校を渋るようになる。		休み時間になるとすぐに教室を出る。
	遅刻・早退が多くなる。		職員室によく来るようになる。
	学校を休みがちになる。		保健室によく行くようになる。
	一人で登下校するようになる。		他のクラスに行くようになる。
	一緒に登校する友だちが急に変わる。		急に呼び名が変わる。
	持ち物が傷んでいる。		目につきにくい所で行動するようになる。
	他の子の荷物を持っている。		廊下にたたずんでいる。
朝の会・帰りの会	活気がなくなる。	昼食・清掃時間	教室に帰ってくるのが遅い。
	表情がさえず,うつむきがちになる。		一緒に遊ぶ友だちが急に変わってくる。
	担任が来るまで廊下などにいる。		給食を誰も配膳しない。
	出席確認の際の声が小さい。		給食の配膳量が他の人と均一ではない。
	挨拶や返事が返ってこない。		給食をよく残すようになる。
	おどおどした態度が目立ち始める。		給食を食べるのが遅くなる。
	おどけるような態度を見せ始める。		いつも一人で清掃している。
	虚勢を張る。		いつも後片付けをしている。
	過剰に反応する。		いつも同じ仕事(役割)をしている。
	投げやりな態度をする。		一人だけ離れた場所にいる。
	下校せずにいつまでも学校に残っている。		一つだけ机が残っている。
授業中	授業始めに用具が散乱している。	その他	自分の机をいつも自分で運んでいる。
	授業に遅刻してくる。		衣服の汚れが見られる。
	移動教室の時,一人で移動する。		手足や顔に擦り傷やあざが見られる。
	配布物がきちんと配られない。		列に一緒に並ばない。
	配布物を渡す時に不自然な仕草がある。		グループになる時にいつも残っている。
	班活動の時,活動の場が与えられない。		体の異常をしばしば訴える。
	視線をそらす。		食欲不振に陥る。
	成績が急に下がる。		感情が不安定になり,怒りっぽくなる。
	隣の人と机が離れている。		チック症状等が見られる。
	発表時の周囲の反応に違和感がある。		持ち物がよくなくなる。
	教科書にいたずら書きがある。		下足場の靴が乱れている。
	忘れ物が増える。		写真や名札にいたずらされた跡がある。

いじめ治療編

2 いじめ問題の発生と治療

(1) 実態把握といじめ治療

　いじめ予防は，発達段階の傾向を想定しながら手を打つ必要があると申しました。それに対していじめ治療（対応）は，発達段階による教師の先入観は危険であるという思いをもっています。一度いじめが認められれば，発達段階云々関係なく，個々の事例の背景や原因，加害児童・被害児童を取り巻く人間関係を個別に詳しく把握しなければなりません。そのために教師は，子どもたちの懐により深く入っていかなければなりません。つまり，臨床的な対応が必要になってくるのです。

　右下の図は，私がよくいじめ対応の際に活用していたソシオグラムです。その効果は今更言うに及ばないかもしれませんが，

> ①情報の共有化が図れる。
> ②可視化によってトラブルの背景や本質，解決の道筋のヒントを見出すことができる。
> ③図式化して整理することにより，客観的な視点が得られる。

といったところでしょうか。

　私はこの図を，主に②の視点を意識することで，問題の背景や核心はいかなるものか，どうすれば解決につなげられるかを考える一つの材料としていました。次項以降，ソシオグラムの実例を提示しながら，私のいじめ治療の実際をご紹介します。

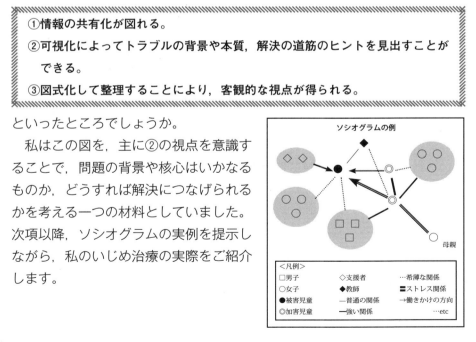

(2) いじめの治療①（実際編）

「先生，最近うちの子，朝学校に行くのを渋るんです」

それは，新年度がスタートしてから1か月ほど経ったある日，クラスでも比較的大人しいＡ子（2年生）の母親からの電話でした。Ａ子は，休憩時間に一人で過ごすことが多く，ずっと気にかけて観察していた子です。

> 「お母さん，ご心配をおかけして申し訳ありません。明日にでも本人の話を聞いてみたいと思います。どうかしばらくは，ご家庭でもＡ子さんの背中を押していただきますようお願いします」

Ａ子との関係性は悪くなく，きっと悩みを打ち明けてくれると判断した私は，そう言って静かに受話器を置きました。

「頑張ってよく来たね」

翌朝，浮かない顔をしながらも登校してきたＡ子にそう語りかけた後，ゆっくりと話を聞きました。すると，大人しいＡ子に対して，Ｂ子がにらんだり，いつも強い命令口調で言ったりすることがつらく，それが原因で学校に行きたくないとのことでした。

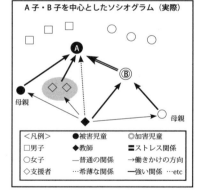

いじめの初期の兆候を見て取った私は，Ａ子の周囲の子どもたちからもさりげなく状況を聞き取り，それまで見取った子どもたちの様子を加味しながら，右のようなソシオグラムを作成しました。

Ｂ子はプライドが高く，攻撃的な性格の持ち主ではあるものの，一匹狼的であり，仲良しグループを形成しているわけではありません。また，シャキシャキしているお母さんには頭が上がらず，家庭では言うことをよく聞いています。一方，Ａ子には，比較的気心の知れた2人の友だちがいました。

私は，2年生が始まって間もない時期であることも加味しながら，B子に対しては教師と家庭による直接的な働きかけを，A子に対しては2人の友だちとA子の家族にしばらくは直接的にサポートしてもらい，私はいつでもサポートに入れる体制をとりながらも，あくまで間接的に学級風土の醸成を図るという支援計画を立てました。

「こうすればもっと素敵なB子さんになれると思うよ」
「こんな言い方をするといいんじゃないかな」

　A子に対する友だち2人，そして家族による支えを依頼する傍らで，私はB子に対してそうした言葉を日々投げかけ続けました。気を付けたのは，教師を主語にしたIメッセージで語ること。プライドの高いB子に対

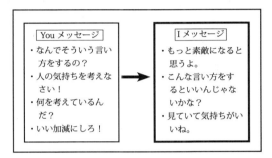

してYouメッセージで語るのはかえって逆効果です。B子は次第に落ちつき，攻撃性は徐々に影を潜めていきました。陰でB子の母親にも，同様にIメッセージで情報提供していたのは言うまでもありません。

　さて，教師の働きかけによってB子が穏やかになったこの段階こそが，学級風土を醸成する準備期間（チャンス）です。私は，予防編(4)の②で紹介した「子ども紹介」において，まずはB子，そして続けてA子を意図的に取り上げ，クラス全体にシェアするという策を立てました。
　数日後，通信記事作成のための取材に向けてA子を呼んだ教卓の周りには，サポートを依頼した2人の女の子をはじめ，たくさんの友だちが集まってきました。なんとその中に，B子もいたのです。そして，自分も取り上げられたことでその喜びを知っているB子が，A子のよさを次々に語っていったのです。その時のうれしそうなA子の顔は，今も目に焼き付いています。

「先生，あれ以来すっかり調子よく，毎日元気に家を出て行きます。ありがとうございました」

数週間後，A子の母親は，電話口でうれしそうにそうおっしゃったのでした。

> 「お母さん，このたびは本当にご心配をおかけし，申し訳ございませんでした。幸い今回は，A子さんの頑張りはもちろん，ご家族やA子さんと仲良しの子たちの支えもあって事なきを得ましたが，今後同様のことが起きないよう，これまで以上に，しっかりと子どもたちの様子を見取っていきたいと思います。そして，万が一事が起きたとしても学級の集団の力で解決できるよう，子どもたちを育てていきたいと思います。それまでに何か変わった様子がありましたら，すぐにお知らせください」

私の口から出たのは，A子や母親への申し訳ない気持ちと同時に，担任として，今後起こりうるであろう同様の問題を必ず見取っていくという確固たる決意と，ギャングエイジの到来までに，集団の力によって自浄（友人による社会的支援）できるようなチームを育てていかなければならないという戒めから発した言葉でした。

(3) いじめの治療②（仮想編）

さて，前述のケースは，①大人しいA子を支える友だちがいたこと，②プライドの高いB子はグループを形成しておらず，個人による直接的な攻撃であったこと，③A子本人以外，担任との信頼関係が構築されており，特にB子に対して，直接的な働きかけが可能であること…などの背景がありました。担任として，それらの背景や要因などを考慮しながら対応したつもりです。幸いなことに，初期の段階で一定の解決に至りました。

しかし，仮にいじめの背景や要因が以下のようなものであったら，私はどのような治療を行わなければならないのでしょうか。

もしも…
・いじめが暴力を伴うものであったなら…
・加害児童がグループであったなら…
・加害児童に影響力のある第三者がいたなら…
・加害児童のストレスの要因が，家庭環境（家族ストレッサー）にあると想定されるなら…
・被害児童が孤立している状況なら…
・被害児童と加害児童の立場が，過去に真逆だったとしたら…　　　　…etc

　このあたりがまさにいじめ治療の難しいところです。個別の事案の背景や要因によって，全く異なるアプローチが必要となってくるからです。

　例えば右のようなケースではどうでしょうか。先述の事例と異なる点は，①A子に母親以外の支援者がいないこと，②いじめ加害者がB子とC子の2人であること，③C子には影響力のあるD子とE子という友人がいること，④C子と担任との信頼関係は希薄であること…などです（仮想ですので，かなり極端な想定をしています）。

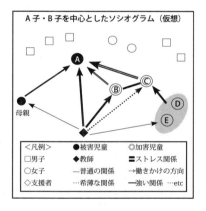

　このようなケースでは，私はおそらく次のような治療を行います。

●A子を直接的にしっかりサポートする。
●母親に状況を説明し，支援要請を行ってA子を支えてもらう。
●B子に直接的に働きかける。
●C子に影響力のあるD子，E子に依頼しC子に間接的に働きかける。
●授業などを通じて，周辺児童に働きかける。　　　　　　　　　…etc

先述の対応例との決定的な違いは「類焼」の視点を加えている点です。「類焼」とは，端的に言えば燃え広がること。要するに，火付きの悪い（指導が入りにくい）C子には，火付きのよい（指導が入りやすい）B子，D子，E子を介して間接的に働きかけていく…ということなのです。火付きが悪いからと言って，教師がそこに立ち止まって懸命に火をつけようとしても，種火だけではなかなか火はつきません。そうこうしているうちに周囲も取り返しがつかない状態になっていたなんてことにもなりかねません。それよりは，火付きのよいところを先に燃やし，より大きな炎で（チームで）C子を包み込んでしまう方が，一見遠回りのように思えて，実は近道だったりするのではないでしょうか。

　もちろんこういった対応が万能であるとは思っていません。信頼関係が希薄であろうとなかろうと，緊急性の高い状況であれば，そんなことはお構いなしに直接的に関与するでしょう。また，子どもたち同士の関係性は，いつまでも固定されたものではなく，時間とともに常に変化し続けることでしょう。肝心なことは，教師がある程度の想定をしながらも，常に患者（子どもたち）の懐に入り，刻々と変化する状況に臨機応変に対応すること，即ち臨床的な治療を行っていく必要があるのではないかということなのです。

いじめ指導の極意
3　分析的な予防と臨床的な治療を

　いじめ問題の予防と治療について愚見を並べてきました。最後に，それらを図式化し，本稿のまとめにします。

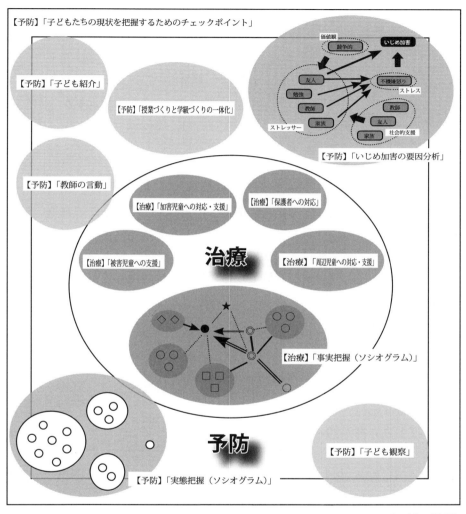

(西村　健吾)

【参考文献】
* 『いじめ追跡調査2007-2009いじめQ＆A』国立教育政策研究所，2010
* 『生徒指導リーフ　いじめの未然防止Ⅰ』国立教育政策研究所，2012
* 『改訂版　いじめに関する指導ガイド』米子市教育委員会，2014
* 城ヶ﨑滋雄『クラスがみるみる落ち着く　教師のすごい指導法！―荒れを克服する50の実践―』学陽書房，2012

あとがき

　かつて私が小学校低学年を担任していたクラスにＳさんがいました。Ｓさんは，前年度からクラスメートのほぼ全員からいじめを受けていました。ひょっとしたら入学以前からいじめを受けていたのかもしれません。遊びに入れてもらえず，すれ違いざまに悪口を言われ，水の張った田んぼに突き落とされたこともあったそうです。いつも教室でおどおど，びくびくしていました。

　私は常に指導のチャンスをうかがっていました。ある時，明白な差別的な言動を見つけてそれを子どもたちに突きつけました。子どもたちは言い訳をすることができずに，全員が彼女に謝りました。しかし，低学年といえども習慣化された差別的言動はそんなに簡単になくなることはありません。事件をきっかけにして，それから時間をかけて指導を繰り返しました。

　私は彼女を１年しか担任することはできませんでした。しかし，お母さんはその後も，毎年のように娘さんの様子を報告してくれました。やがて彼女は，長距離走で頭角を現し，高学年になると，地域の陸上競技大会に学校の代表として出場したそうです。中学校でも不登校になったり，いじめを受けたことはなかったそうです。後に担任してくださった先生方，関係のみなさんに感謝をするばかりです。

　その子どもたちが20年ぶりに同級会をすると言って，低学年のたった１年だけを担任した私に声をかけてくれました。久しぶりに会ったみんなは，驚くほど立派になっていました。参加者を見渡すと，彼女もいました。かつて悪口を言われた相手とお酒を飲み交わし，自分を殴りつけていた男子とふざけ合い，そして，自分を田んぼに突き落とした子とも肩を組んで語り合っていました。

　その姿を見てなんだか安堵しました。正直言ってうれしかったです。どこかで「その後」を心配していたのかもしれません。

私と出会わなくても，彼女はいじめの被害者という立場から抜け出せていたかもしれません。ただ，いじめられなくなったことが，彼女の自信につながったことは確かなようです。そして，そのことが彼女のコミュニティにおける立ち位置を変えたことは間違いないようです。少なくとも彼女は，いじめの被害者である状態を脱したことで，可能性が開かれたと言っていいでしょう。

　しかし，私がこれまで教室で出会ったすべてのいじめや差別行為の解消ができていたのかというと，自信をもって「イエス」とはとても言えません。解消どころか気付かずにいたこともあっただろうと思います。そのことは，今も心のどこかで小さな針で刺すような痛みを感じさせています。

　自分のクラスでいじめを認識した時に，どう指導したらよいか悩みました。情報がなかったのです。だからこそ，本書のような書籍を出したいと思っていました。あの時の私のようにいじめ指導に悩む先生方に，有効な情報の選択肢を用意したかったのです。本シリーズを構想した時に，真っ先に構想したのが，いじめ指導でした。しかし，みなさんに届けたかったのは，教師の強い指導力で，いじめや差別的言動に蓋をするような実践ではありませんでした。その時だけでなく，その後の人生においてもいじめや差別的状況に立ち向かう子どもを育てることができる実践を集めたかったのです。

　教師がいなくなったら元に戻るような指導は，いじめを克服したとは言えないと思います。いじめや差別のない社会をつくることを考えた時には，いじめや差別に対して何らかの積極的な行動ができる子どもたちを育てることが必要だと考えています。

　幸いにして素晴らしい実践家に巡り会い，依頼を快諾していただき，珠玉の原稿を寄せていただくことができました。そして，いつもながら膨大な編集作業を的確に迅速にこなしてくださる明治図書の及川誠さんのおかげで，こうして本シリーズの第２弾をみなさんにお届けすることができました。本当にありがとうございました。心から感謝申し上げます。

赤坂　真二

【執筆者一覧】（掲載順）

赤坂　真二	上越教育大学教授
松山　康成	大阪府寝屋川市立東小学校
浅野　英樹	千葉県船橋市立飯山満南小学校
宇野　弘恵	北海道旭川市立啓明小学校
畠山　明大	新潟大学教育学部附属長岡小学校
永地　志乃	奈良県御所市立大正小学校
近藤　佳織	新潟県魚沼市立広神西小学校
南　　恵介	岡山県和気町立藤野小学校
西村　健吾	島根県元公立小学校

【編著者紹介】

赤坂　真二（あかさか　しんじ）

1965年新潟県生まれ。上越教育大学教職大学院教授。学校心理士。19年間の小学校勤務では，アドラー心理学的アプローチの学級経営に取り組み，子どものやる気と自信を高める学級づくりについて実証的な研究を進めてきた。2008年4月から，情熱と意欲あふれる教員を育てるため教師教育にかかわりながら，講演や執筆を行う。

【著　書】

『スペシャリスト直伝！　学級づくり成功の極意』（明治図書，2011）

『スペシャリスト直伝！　学級を最高のチームにする極意』（明治図書，2013）

『THE　協同学習』（明治図書，2014）

『THE　チームビルディング』（明治図書，2014）

『一人残らず笑顔にする学級開き　小学校～中学校の完全シナリオ』（明治図書，2015）

『最高のチームを育てる学級目標　作成マニュアル＆活用アイデア』（明治図書，2015）

『自ら向上する子どもを育てる学級づくり　成功する自治的集団へのアプローチ』（明治図書，2015）

『クラス会議入門』（明治図書，2015）

他多数

学級を最高のチームにする極意シリーズ

いじめに強いクラスづくり　予防と治療マニュアル　小学校編

2015年8月初版第1刷刊	©編著者	赤　坂　真　二
	発行者	藤　原　久　雄
	発行所	明治図書出版株式会社

http://www.meijitosho.co.jp
（企画）及川　誠　（校正）関沼幸枝
〒114-0023　東京都北区滝野川7-46-1
振替00160-5-151318　電話03(5907)6704
ご注文窓口　電話03(5907)6668

＊検印省略　　　組版所　長野印刷商工株式会社

本書の無断コピーは，著作権・出版権にふれます。ご注意ください。

Printed in Japan　　　　　　ISBN978-4-18-185413-3

もれなくクーポンがもらえる！読者アンケートはこちらから　→

明日からの学級づくり・授業づくりがこの１冊で変わる！

学級を最高のチームにする極意

最高のチームを育てる 学級目標
赤坂 真二 編著
作成マニュアル＆活用アイデア

「最高のチームを育てる学級目標」をテーマに、集団づくりにおける学級目標の意味と役割を徹底解説。「作成マニュアル＆活用アイデア」で、学級目標をチームづくりに活かす具体的な活動の流れを丁寧にナビゲートしました。学級を最高のチームに育てるアイデアが満載！

Ａ５判
本体 1860 円＋税
図書番号 1853

学級を最高のチームにする極意

一人残らず笑顔にする 学級開き
赤坂 真二 編著
小学校～中学校の完全シナリオ

学級を最高のチームにするには、最高のスタートから。ベストセラー『学級を最高のチームにする極意』待望のシリーズ化。１巻目は「子ども達を一人残らず笑顔にする学級開き」をテーマに、１年間を明るく笑顔のあふれる学級にするための学級開きの極意を伝授します。

Ａ５判
本体 1800 円＋税
図書番号 1852

マンガで直伝！ 学級にやる気を生み出す「癒やし」「和み」ワザ
赤坂真二・小林治雄 著

指導力のある教師は、ルールなどで厳しい指導をする反面、子どもたちを一息つかせたり、安心させたりする名人でもあります。本書ではその「癒やし・和みの技」を４コマ漫画とともに紹介しました。温かく安心感のある学級の空気づくりに役立つアイデアが満載の１冊です。

Ａ５判
本体 1760 円＋税
図書番号 1709

学級を最高のチームにする極意

自ら向上する子どもを育てる 学級づくり
赤坂 真二 編著
成功する自治的集団へのアプローチ

先生が頑張る学級づくりから、子ども達が自ら動き進める学級づくりへ。子どもに勇気を与え「自ら動く力」をつけるチャンスはここにある！集団づくりの秘訣からクラス会議・自由討論まで。「学級を自治的集団に育て、最高のチームにする」ポイントを豊富な実践例で紹介。

Ａ５判
本体 1960 円＋税
図書番号 1851

明治図書　携帯・スマートフォンからは　**明治図書ONLINE へ**　書籍の検索、注文ができます。▶▶▶

http://www.meijitosho.co.jp　＊併記４桁の図書番号（英数字）でHP、携帯での検索・注文が簡単に行えます。

〒114-0023　東京都北区滝野川 7-46-1　ご注文窓口　TEL 03-5907-6668　FAX 050-3156-2790

＊価格は全て本体価格表示です。

学級を最高のチームにする極意

いじめに強い クラスづくり

予防と治療マニュアル 小学校編

Printed in Japan